御迎え人形（本書第四章5節参照）
左上：鬼若丸（弁慶の幼名）　右上：安倍保名
左下：酒田公時（金太郎）　　右下：八幡太郎義家

伊駒山
十三峠
彫兼
藤慶

「浪速天満祭」
俯瞰構図の浮世絵で知られる五雲亭貞秀は、安政6年(1859)に難波橋北詰の上空から東南方面を俯瞰した三枚続きの大判錦絵「浪速天満祭」を描いた。本書123〜132頁でその詳細を読み解く。

『天満宮御絵伝』

『天満宮御絵伝』は菅原道真公(菅公)のご誕生から天満宮の創祀に至る伝承を絵解きした掛幅。大塩の乱によって焼失した天神縁起を土佐光孚(1780〜1852)が下絵をもとに再画したものとされる。

第14場面　道明寺説話

菅公は、太宰府へ左遷の途次に、道明寺のおば・覚寿尼を訪ね、夜を徹して別れを惜しんだが、一番鶏が鳴いたのを機に出立することとなり、次の歌を詠まれた。

　　鳴けばこそ別れを急ぐ鳥の音の
　　聞こえぬ里の暁もがな

「一番鶏のために別れを急かされたが、鶏の鳴き声が聞こえない里で夜明けを迎えたいものだ」という歌意。この歌から、各地の天満宮周辺では鶏を飼わない風習が生まれたという(鶏飼わず伝承)。(本書51頁参照)

第21場面　柘榴天神伝承

ある夜、天台座主・法性坊尊意のもとに菅公の霊(菅霊)が現れ、「無実の罪で左遷された怨みを晴らすために御所に向かうが、天皇から菅霊を鎮めるために御所に召されても、辞退してほしい」と告げた。すると、尊意は「天皇の治める国であるから、二度までは断っても、三度目のお召しには従わざるを得ない」と答え、供えてあった柘榴を菅霊にすすめた。菅霊は怒り、その柘榴を口に含んで吐き出すと、炎となって妻戸に燃え移った。しかし、尊意は法力によってその炎を消し止めた。(本書154頁参照)

第27場面　清涼殿落雷事件

延長8年(930)、御所の清涼殿で貴族たちが雨乞いの相談をしていたところに落雷があり、大納言民部卿・藤原清貫が即死、右中弁内蔵頭・平希世が大火傷をするなどの被害があり、その惨状をご覧になった醍醐天皇も3ヵ月後に崩御された。清貫・希世らが、道真の左遷に与したことから、人々はこの落雷を菅霊の仕業と恐れたため、天神信仰成立の機運を高めることになった。(本書17頁参照)

大阪天満宮と天神祭

高島幸次

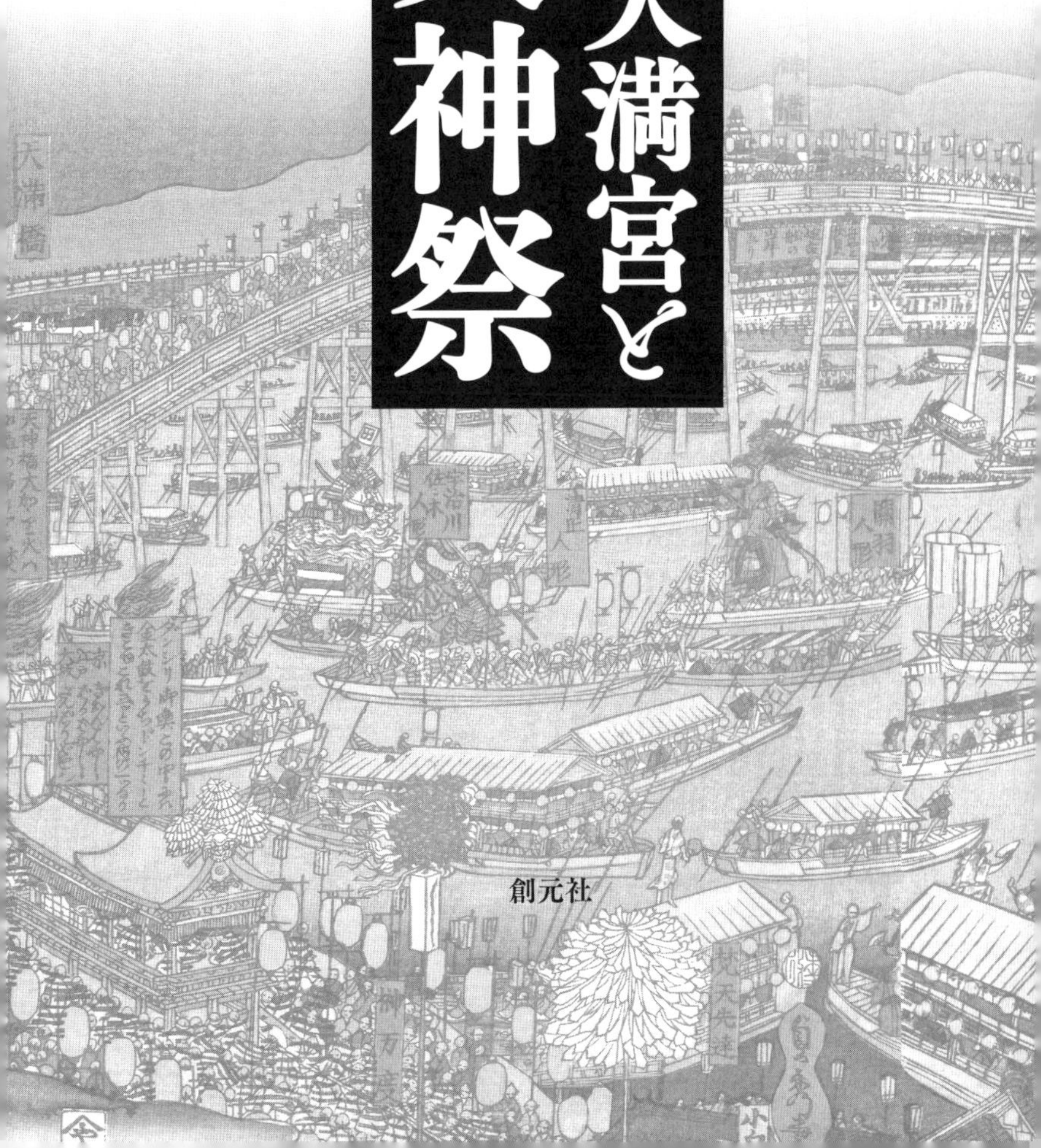

創元社

はじめに

大阪天満宮（大阪市北区）の夏祭「天神祭」は、平安時代に始まり、江戸中期には日本屈指の都市祭礼に発展しました。その盛大な祭礼の姿は現代にも受け継がれ、毎年七月二十五日本宮の夜には、大阪市中を流れる大川に百艘もの船が行き交う船渡御《ふなとぎょ》が繰り広げられます。ご神霊を奉戴した「奉安船」と、そのお供をする「供奉船《ぐぶせん》」からなる「船渡御」の船団と、その船渡御をお迎えする「奉拝船」の船団が航行し、上空には三千発もの奉納花火が打ち上げられ、その壮観の大パノラマを楽しもうと、百万人を超える群衆が大川両岸と橋々の上にあふれ返ります。

本書は、大阪天満宮の千年をこえる歴史を振り返るとともに、天神祭を発展させた原動力がどこにあったのかを明らかにしようとしています。言い換えれば、オリンピックや万国博覧会のような一過性のイベントではない、伝統行事に潜む底力を掘り起こしたいのです。本書が解き明かす天神祭の魅力は、ひとり天神祭だけにとどまらず、全国各地における祭礼のにぎわいを楽しむ視座を提供し、地域の活性化をはかる際のヒントにもなると考えています。

大阪天満宮の伝承によれば、同宮は平安中期の天暦年中（九四七～九五七）に創祀《そうし》されました。その祭神は、いうまでもなく天満天神、菅原道真公《すがわらのみちざねこう》です。現代では、天神といえば「学問の神・受験の神」として周知されています。しかし、創祀当初から天神が「学問の神」だったわけではありません。当時の大阪天満宮辺りは、地先を流れる大川（旧、淀川）沿いにわずかな船人や漁民が暮らすだけの辺鄙《へんぴ》な地でした。そのような辺土に学問の上達を願う風土があったわけがない。では、どのようなご神徳（神の功徳）を期待して天満宮が創祀されたのでしょうか。この疑問を解くためには、天神祭が何のための祭礼だったのかを考えねばなりません。

伝承では、天満宮が創祀された翌年（あるいは翌々年）に、天神祭の幕開けとなる「鉾流神事《ほこながししんじ》」が始まったとされます。もっとも当初の天神祭は、わずかな地元民が奉仕するだけのささやかな祭礼だったはずですが。やがて地域の発展に伴ってそのにぎわいを増し、江戸中期に上方を中心とした元禄文化が花開くと、天神祭はそれに呼応するように、華やかな祭礼に発展していきます。あの井原西鶴が「天満の舟祭りが見ゆるこそ幸いなれ」（『世間胸算用』一六九二年。「舟祭り」は「船渡御」のこと）と記したころには、全国にその名を轟かせ、江戸後期の読本作者・速水《はやみ》春暁斎《しゅんぎょうさい》は、天神祭を日本三大祭の一つに挙げています（『諸国図会　年中行事大成』一八〇六年）。

本書では、そもそも天神祭とはどういう意味を持つ祭礼なのか、その発展の原動力は何だったのかを考えますが、その際に特に留意するのは、千年来の歴史を伝える伝統行事としての「天神祭」が、実は、その長い歴史のなかで、幾度となく大きな変革を行ってきたことです。変革を繰り返したのなら、それはもう伝統行事とはいえない、と思われるかもしれませんが、そのあたりについては「本来伝統」と「疑似伝統」の視点から具体的に説明したいと思います。

加えて、江戸時代におけるにぎわいの背景を探っていくと、地元民が楽しむだけの祭礼ではなく、外来の見物客にも楽しんでもらえるように興味深い「おもてなしの仕掛け」があったことが浮かび上がってきます。この仕掛けについてご紹介することも本書の目的の一つです。

以下、第一部「大阪天満宮と天神祭」では、天神祭に視線を向けながら、大阪天満宮の歴史を読み解きます。第二部「天神祭のおもてなし」では、基本に戻って〈マツリ〉とは何かを考えたうえで、天神祭が発展した原動力に迫ります。

なお、本文に引用する史料は、基本的に現代仮名遣い、常用漢字に改め、句読点やカギカッコを補うなど、原意を損なわない範囲で読みやすく変えています。

補注：大阪天満宮の神社名は、長い歴史の中で「天満天神」「渡辺天神」「摂津国天満宮」「浪速菅廟」「中島惣社天満宮」など、多様に変化・混在して使用されていますが、本書では原則として創祀当初は「天満天神」、その後は「大阪天満宮」あるいは「天満宮」と表記します。

目次

＊図版として掲載しているものは明記以外は大阪天満宮所蔵。
＊文献執筆者名および物故者の敬称は省略。

第二部

大阪天満宮と天神祭

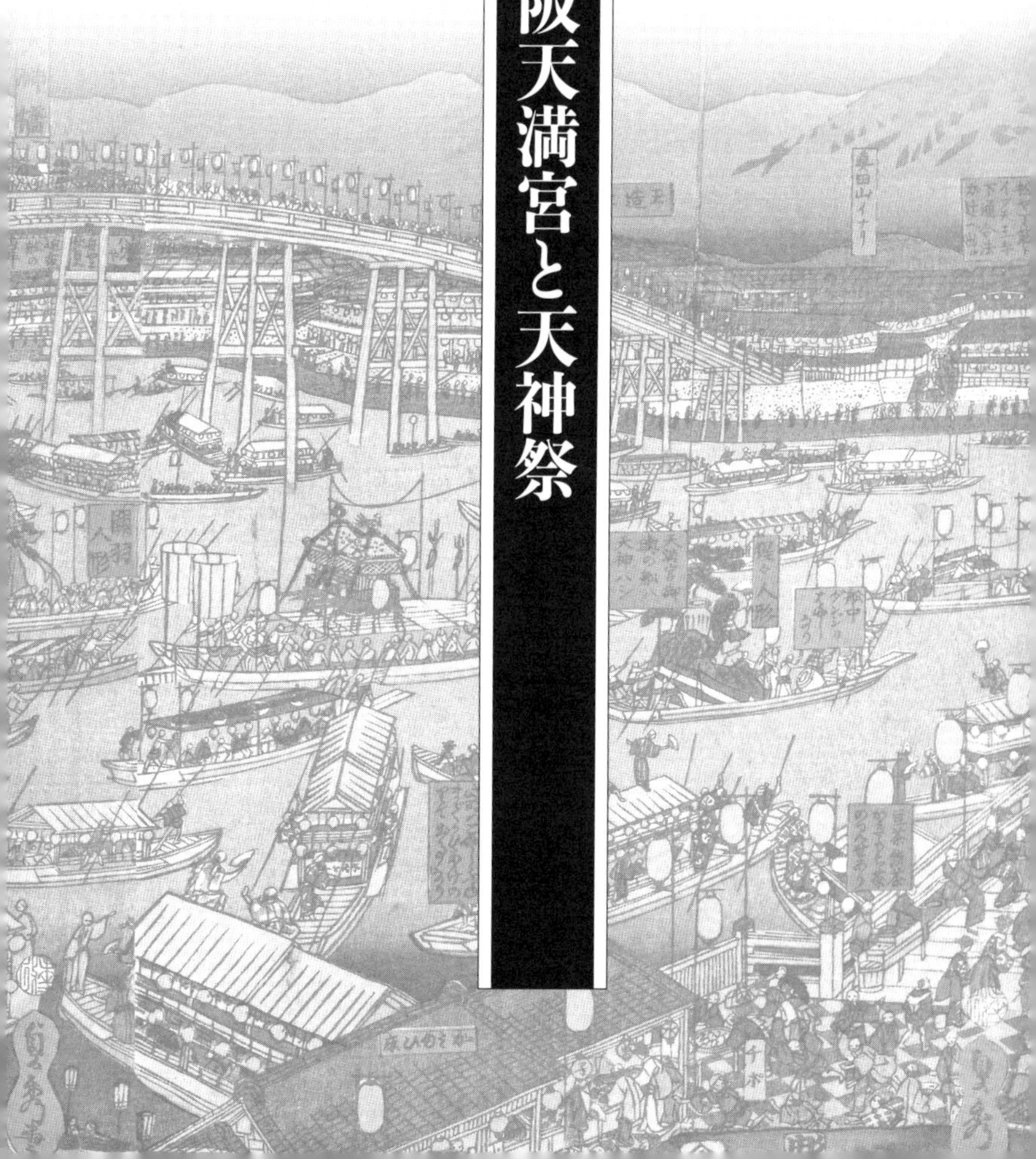

平安中期の貴族・菅原道真は、没後に「天満天神」として崇められました。日本史上、実在の人間を神として祀った初例です。

神話に語られる神々を祀る神社では、神代や弥生時代に遡る創建を物語ることも可能ですが、天満天神を祀る神社は平安中期以降の創祀に限られます。天満天神が新しい神であったお陰で、と言っていいでしょうか、北野天満宮や太宰府天満宮、そして大阪天満宮などについては、その創祀期の文献史料を援用することによって、創祀伝承の信憑性を問うたり、そこに込められたメッセージを読み解いたりすることができます。史料のない時代にまで遡る創祀伝承との決定的な違いです。

第一部では、大阪天満宮の創祀伝承を、同時代の史料によって検証したうえで、その後の天満宮の長い歴史のなかで、天神祭がどのように発展していったのかを明らかにします。

第一章　大阪天満宮の創祀

1 ❖ 大将軍社の創祀――大阪天満宮前史

長柄豊碕宮と道饗祭

天満天神が創祀されたのは、平安中期の天暦年中（九四七～九五七）のことと伝えられています。今から千年余も昔のことです。しかし、その由来を紐解くには、さらに三百年遡った飛鳥時代の難波長柄豊碕宮《なにわのながらのとよさきのみや》（前期難波宮）について話さねばなりません。ずいぶん遠回りするようですが、大阪天満宮および天神祭の役割を探るためには不可欠の作業ですので、お付き合いください。

皇極天皇四年（六四五）六月十二日、飛鳥板蓋宮《あすかのいたぶきのみや》において中大兄皇子《なかのおおえのおうじ》（のちの天智天皇）・中《なか》臣鎌足《とみのかまたり》（のちの藤原鎌足）らは、蘇我入鹿《そがのいるか》を暗殺し、その後に政治改革を進めました。このクーデターを「乙巳《いっし》の変」、その後の政治改革を「大化の改新」といいます。

政治改革の一環として、白雉《はくち》三年（六五二）に宮都は飛鳥から難波長柄豊碕宮（現在の難波宮跡公園＝大阪市中央区）へ遷されます。白雉五年（六五四）には再び宮都は飛鳥に戻りますが、長柄豊碕宮はその後も副都として維持され、朱鳥元年（六八六）に全焼するまで存続しました。

大阪天満宮の伝承によれば、長柄豊碕宮への遷都により、毎年の六月と十二月の晦日《みそか》には、宮都の四隅方向の路上に案《あん》（神事用の机）を設け、宮都に「鬼気《もののけ》」が侵入するのを防ぐ「道饗祭《みちあえのまつり》」が斎行されたといいます。道饗祭とは、『大宝律令』や『養老律令』の編目「神祇令」に定められた恒例の祭儀で、「八衢比古神《やちまたひこのかみ》・八衢比売神《やちまたひめのかみ》・久那斗神《くなどのかみ》」の三柱を祀り、宮都の守護を祈願する神事です。この場合の「鬼気」には、さまざまな災異や穢れが包摂されますが、道饗祭では特に疫病を流行らせる「疫鬼」を強くイメージしていました。

やがて、宮都の四方のうちの西北にあたる道饗祭の故地に、「大将軍社（現在は大阪天満宮境内に鎮座）」が創建されたと伝えられます。大将軍の神とは、西方の星、太白星（金星）の精であり、「方除《ほうよ》けの神」であると同時に「疫病退散の神」でもあったので、道饗祭の趣旨に符合する神といえるでしょう。

それから二百五十年ほど後に、菅原道真が太宰府へ左遷される途次に、この大将軍社に参詣し、その五十年ほど後には、道真参詣の由緒をもって同地に天満天神が創祀されたと伝承されています。創祀当初の天満天神は、後述のように疫病退散の神として成立しますから、道饗祭から大将軍社を経て天満天神の創祀にいたる流れには整合性があります。

難波宮跡公園
白雉3年(652)、宮都が飛鳥から難波長柄豊碕宮へ遷された。その跡が現在、難波宮跡公園となっている。

しかし、この伝承には大きな疑問があります。それは、道饗祭について定めた「神祇令」は、その全二十ヵ条のうちの大半が、持統天皇三年（六八九）の「飛鳥浄御原令《あすかきよみはらりょう》」において制定されているからです。長柄豊碕宮の時代にはまだ道饗祭はなかった。さらに、大将軍についても、日本では延暦十三年（七九四）の平安京遷都の際に宮都の四隅に祀ったのが起源といいますから（任東権『大将軍信仰の研究』第一書房、二〇〇一年）、やはり長柄豊碕宮の時代にはなかったことになります。これらについては、大将軍社と大阪天満宮の創祀年の検証と合わせて、改めて検証することになります（二六頁参照）。

菅原道真の左遷

平安時代の中頃、のちに天満天神と崇められる菅原道真（八四五～九〇三）が登場します。道真は、貴族・菅原是善《これよし》の子に生まれ、文章博士《もんじょうはかせ》・蔵人頭《くろうどのとう》・参議《さんぎ》などを歴任した後に右大臣となり、菅原氏としては異例の出世を果たします。

しかし、昌泰四年（九〇一）、政敵であった左大臣・藤原時平（八七一～九〇九）の讒言《ざんげん》によって大宰権帥《だざいのごんのそち》（大宰員外帥）として太宰府（現、福岡県太宰府市）へ左遷（実質は流罪）されました。道真は失意のうちに京の館を立ち、道明寺（現、大阪府藤井寺市）のおば・覚寿尼《かくじゅに》を訪ねた後に、大川（旧、淀川）河口辺り（現在の天神橋辺り）まで引き返します。当時の海岸線は現在より内陸部に深く入り込んでおり、ここから太宰府へ船出するためでした。道真は、船の風待ちの間に、近くの大将軍社に参拝した後、太宰府へ赴いたと伝えられます。西方の星である大将軍の神に西路の安全を祈ったことを示唆する伝承かもしれません。

束帯天神像
菅原道真をご神像として描かれた絵はたくさん残されているが、これは桃山時代に描かれたもので、束帯姿で八重の花をつけた梅枝をもつ。

太宰府の謫居《たっきょ》（流罪地での住居）で暮らし始めた道真は、わずか二年後の延喜三年（九〇三）に、五十九歳で亡くなりました。その翌々年には、埋葬地に道真を供養するための祀堂（安楽寺）が建てられました。

補注：「大宰府」と「太宰府」の表記については、大宰府政庁に関わる名称は「大」、太宰府天満宮のような地名由来の名称は「太」に使い分けます。

2 ❖ 天神信仰の成立

菅原道真の祟り

菅原道真の没後、京では疫病や異常気象などの災異が相次ぎ、六年後の延喜九年（九〇九）には、道真の左遷を策謀したとされる藤原時平が、三十九歳の若さで病死します。

朝廷は、これらの出来事を道真の祟りによるものと恐れ、延喜十九年（九一九）に時平の弟・藤原仲平（八七五〜九四五）を太宰府に派遣し、安楽寺の社殿を整備します（のちの安楽寺天満宮、現在の太宰府天満宮）。さらに、延長元年（九二三）には、道真の左遷を記した詔勅を廃棄し、道真を右大臣に復すとともに、生前の従二位より高い正二位を追贈します。

それでも災異は収まることなく、延長八年（九三〇）には御所の清涼殿に落雷があり、時平に

北野天満宮
天暦元年(947)、菅原道真の怨霊を鎮めるために道真を「天満天神(北野天神)」として祀る北野天満宮が創祀された。

与した藤原清貫《きよつら》らが死傷しました。これも道真の怨霊が配下の雷神を操って恨みを晴らしたのだと信じられます。

こうした一連の流れのうちに「天神信仰」が成立し、天暦元年（九四七）には、道真の怨霊を鎮めるために「天満天神（北野天神）」を祀る北野天満宮（京都市上京区）が創祀されました。

「天神信仰」成立の時代背景には、大都市・平安京の成立がありました。延暦十三年（七九四）の平安遷都によって、人口十万人を超える大都市が形成されていきます。古代社会における大多数の人々は、豊かな自然の浄化作用に守られた集落に暮らしていましたが、都市では、衛生設備の整わない人工空間に多数が集住するのですから、疫病の流行は大変な恐怖でした。

疫病の恐怖

当時の疫病への恐怖をみるために、北野天満宮の創祀から半世紀ほど経った正暦四・五年（九九三・九九四）の大流行の様子を紹介しましょう。太宰府に発した疫病（この場合は疱瘡＝天然痘）が平安京に迫るなか、朝廷は正暦四年五月、道真に正一位・左大臣を、同年閏十月には太政大臣を追贈します。没後とはいえ、道真は位人臣を極めました。

太宰府には外交と防衛を主任務とした大宰府庁があり、わが国の玄関口となっていましたから、大陸から入ってくる疫病が最初に太宰府で流行するのは必然でした。このことも、太宰府に流された道真の怨霊が疫病を流行らせたと信じさせることになりました。

当時の記録には「死亡の者多くして、路頭に満ち、往還の過客、鼻を掩《おお》いて過ぐ」（『本朝世紀』正暦五年四月二十四日）と見えます。路上に死体が満ちて、人々は鼻をつまんで通り過ぎるほどでした。「公卿以下庶民に至るまで、門戸を閉じて往還せず」（『日本記略』同年六月十六日）、身分を問わず誰も外出しなくなり、その被害は「京師の死者過半なり」（『日本記略』同年七月）とも記録されます。たとえ誇張の表現だとしても、京師（平安京）の過半数が死んだと噂されたのですから、その恐怖は私たちが経験した新型コロナどころではなかったのでしょう。ちなみに、この正暦の疫病大流行は、大阪天満宮および天神祭の歴史に深く関わりますので、第一章5節で再説することになります。

延喜三年（九〇三）の道真没後、天満天神を恐ろしい祟りを下す怨霊神と信じ、疫病退散を祈願する人々によって「天神信仰」が成立しましたから、成立当初のそれは「天神御霊《ごりょう》信仰」というべきかもしれません。天神御霊信仰の成立によって、北野天満宮を始めとする、菅原道真を「天満天神（のちに「天満大自在天神」）として祀る神社が西日本を中心に創建されていきます。

念のために再説しておきますが、天神に「学問の上達」を祈願する習慣はまだありません。平安中期の儒家・大江匡衡《おおえのまさひら》（九五二～一〇一二）は、道真を「文道之大祖・風月之本主」と称えますが（『北野天神供御幣幷種々物文』）、これは、道真が学問・文学や漢詩・和歌に優れていたことを言うだけで、「学問の神」を意味しません。道真が当代切っての優秀な学者だったことを踏まえて、「学問の神」として周知されるのは、一般庶民が寺子屋で「読み書き算盤」を学び始めた江戸時代になってからです。

3 ❖ 大阪天満宮の創祀伝承

七本松伝承と千本松伝承

天暦元年（九四七）に北野天満宮が創祀されると、同じ天暦年中（九四七～九五七）に大阪天満宮が創祀されたと伝えられます。江戸前期の『摂州西成郡南中島惣社天満宮略御縁起』（一六八〇年）に記された「七本松伝承」が創祀伝承の基本形ですので、以下に全文を引用しておきます。

そもそも当社は人王六十二代村上天皇の御時、天暦年中に御建立の所なり、その昔この地の鎮守・大将軍の社の前に松七本一夜に生え出たり、人々見て怪しみけるに、夜な夜なその梢に金色の光差しければ、大将軍の神主、いよいよ不思議に思い、帝へ奏聞申しけるに、勅使を立て見せしめ給うに神主の云うに違わず、あまつさえ御神託灼《あらた》か也、勅使この由奏《そう》聞《もん》申されければ、帝も有り難く思し召して、宮殿楼閣軒を連ねて造営ましましける、そのうえ社領として七ヵ村を添えられ、四季の祭礼怠りなし、しかれども、今は社領は絶えにけり、されども、神徳灼かに今の代迄も天満大自在天神と万民崇め奉りしは有り難かりし事ども也

延宝八庚申年三月吉日

この伝承の基本的なプロットは「大将軍社の前に、一夜にして松七本が生え、夜な夜な光輝いたので、天満宮を建てた」ということです。奇妙な話です。菅原道真を祭神とする大阪天満宮の創祀を物語るのに、まったく道真が出てこない。

伝承には、現代人が聞いてもスッキリとわかりやすい直截的な言い伝えと、右の「七本松伝承」のように暗示に満ち満ちたものとがあります。前者には、後世の人々にも腑に落ちやすい

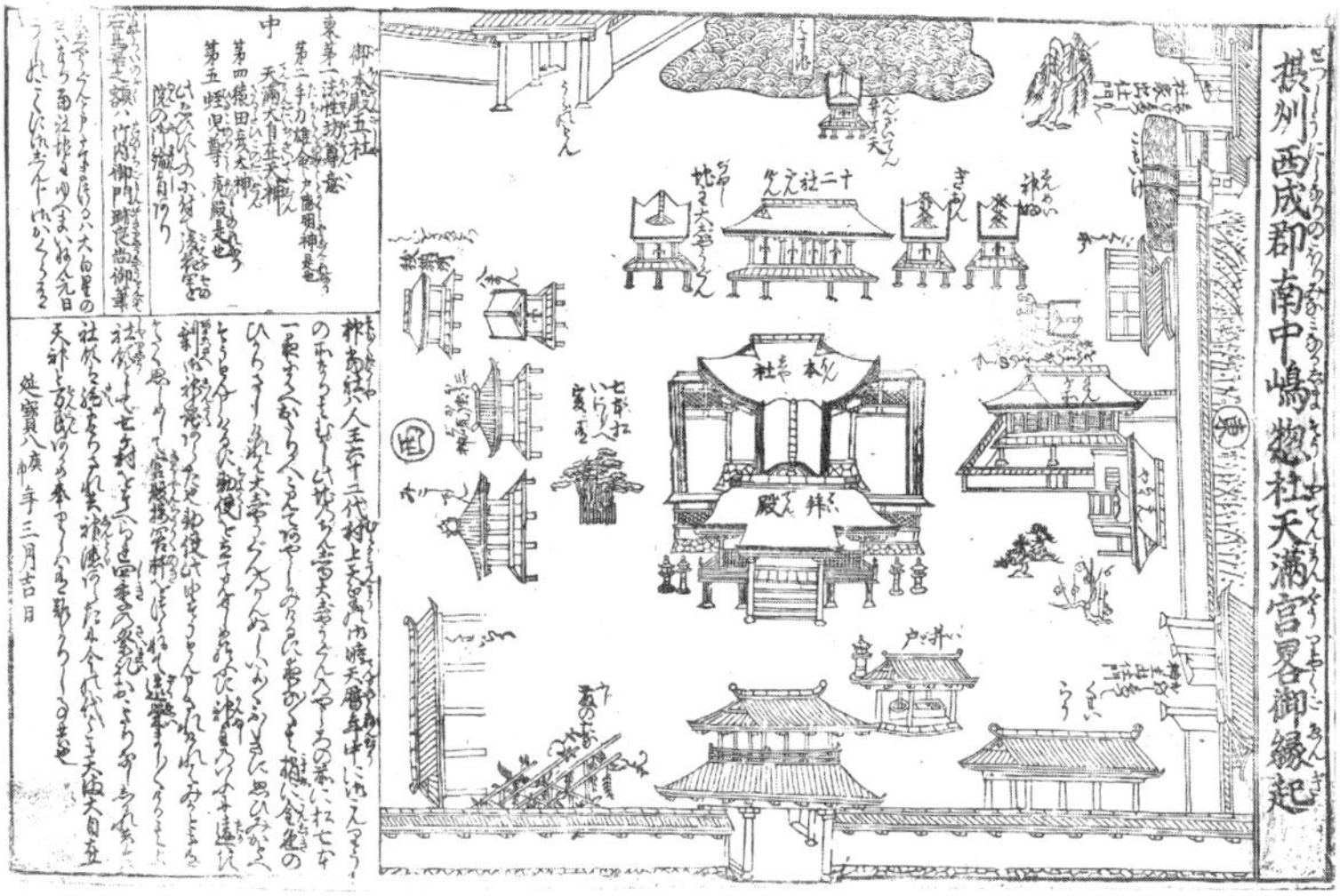

『摂州西成郡南中島惣社天満宮略御縁起』
延宝8年（1680）に作られたこの縁起は大阪天満宮最古の境内図。左側に、大阪天満宮の創祀を物語る「七本松伝承」が記されている。

ように創作・改変されたものが多く、後者には初期の伝承のままに古体を伝えるものが多いようです。「七本松伝承」に内包された古体については、前著『奇想天外だから史実――天神伝承を読み解く』（大阪大学出版会、二〇一六年）において詳細に検証しましたので、いまは、この創祀伝承が北野天満宮のそれと酷似していることについて話を進めます。

　北野天満宮が創祀される以前に、平安京大内裏の西北で道饗祭が行われた地に大将軍堂（現在の大将軍八神社、京都市上京区）が創建されています。その後、大将軍堂の隣地に一夜にして千本の松が生え、夜な夜な光り輝き、北野天満宮が創祀されたと伝えます。「千本松伝承」です。

大阪天満宮の「七本松伝承」と酷似しています。もちろん、これは偶然ではなく、北野天満宮の伝承を受けて、長柄豊碕宮の西北の松林に大阪天満宮が創祀された結果です。創祀の由来を説明するために、「千本松伝承」をリライトして「七本松伝承」が作られたのでしょう。両伝承から見えてくるのは、千本松は満天の無数の星を意味し、七本松は北斗七星のメタファーであり、星に疫病退散を祈願する大将軍信仰をベースに天神信仰が成立したことです。

ここから「天満大自在天神」の神号の意味するところも見えてきます。従来は「その瞋恚《しんい》の炎、天に満ちたり」（道真の冤罪に対する怨念が天に満ちた）の意味だと説明されてきましたが、正しくは、「満天の無数の星が自在に移動する天の神」であり、大将軍神の星辰信仰（星を尊崇する信仰）を受け継いだ神号と解すべきでしょう。

さらには、千本松・七本松の伝承は、天神信仰が成立した平安中期には、平安京周辺の植生が、神道を生んだ照葉樹林（榊など）から、天神信仰を生んだ針葉樹林（松など）に変わったことを踏まえていますが、このあたりの読み解きについても、拙著『奇想天外だから史実』に譲ります。

大将軍社から大阪天満宮へ

大将軍社と大阪天満宮の関連については、大阪天満宮の宮司・寺井家の由緒をまとめた「家事記録」にみえる次の一文とも整合します。

天暦年中、天満宮社御造営の砌《みぎり》、大将軍社鍵取《かぎとり》を代々相勤め候故を以て、代々天満宮御社鍵取も兼帯いたし相勤め申す（下略）

大将軍社の「鍵取（鍵を掌る役）」だった寺井家が、大阪天満宮が創祀されると、同宮の鍵取も引き継いだと言います。また、大正十五年（一九二六）に天満宮の嘱託となった藤里好古による『大阪天満宮年表稿本』には、次のような伝承も見えます。

天暦七年（九五三）甲寅 八月 摂津国中島の大将軍祠の神人、豊庭の裔孫《えいそん》、寺井時継、天満天神の託宣により、松の生じた同祠側の地に一社を創立して、菅原道真を祭祀

ここに「天暦年中」ではなく、「天暦七年（九五三）」と年次を特定していることについてはこのあとで検証します。「豊庭」とは、飛鳥・奈良時代の貴族・石上豊庭《いそのかみのとよにわ》（?〜七一八）のことです。その裔孫（遠い子孫）である寺井時継が大将軍社の神人だったときに、天満天神の託宣があり、大将軍社の前に松が生えたので、同地に大阪天満宮を建てたと言っています。

この伝承は、大将軍社の疫病退散を祈願する信仰をベースに、道真の天神信仰が成立したことを示唆するもので、それは天神祭が疫病退散を祈願する祭礼であることにも関わります。

補注：大阪天満宮の先蹤ともいうべき大将軍社は、当初は現在の大阪天満宮よりも四百メートルほど北方

大将軍社と道饗祭

大阪天満宮境内に摂社として鎮座する大将軍社では、毎年6月と12月の晦日に道饗祭が行われている。斜めに敷かれた石畳は長柄豊碕宮から西北方向に位置することを示している。

の「北森」にあった明星池の畔に創建されましたが、江戸前期の寛文年間（一六六一〜一六七三）に「南森」の天満宮境内に移され現在に至ります（拙稿「摂津名所図会改版一件――寛政期の大阪天満宮と朝廷権威」『大阪の歴史』41号、大阪市史編纂所、一九九四年）。なお、同社では現在でも、毎年六月と十二月の晦日に「道饗祭」を斎行しています。

改変される創祀の年

全国各地の多くの神社には、古くからの伝承として、創祀の由来が語り伝えられています。私たちは、それらの創祀伝承を聞いたとき、その信憑性はさておいて、伝承なのだから「古くから変わらずに伝えられてきたに違いない」と受け止めてしまう傾向があります。ある古文書にこう書かれていると聞かされて、「それは本当に古い時代のものだろうか」と疑う人でも、伝承だと聞くと、本当か嘘かは別にして「古くから語り継がれてきた」ことは疑わない。伝承は、アンコンシャスバイアス（無意識の思い込み）に支えられているようです。

しかし、伝承のなかには近年になってからわかりやすく改変されたものが少なくありません。いや、わかりやすくだけではなく、創祀年をより古く、あるいは、より信憑性があるように改変されることがままあります。創祀伝承だからといって、それが作られた当初の古体のまま忠実に語り伝えられているとは限りません。時代の変遷に応じて、少しずつ、ときには大胆に、改変されることが少なくないのです。というわけで、大阪天満宮の創祀伝承についてもそのあたりを検証しなければなりません。

本書では創祀の年を「天暦年中」と表現してきましたが、その典拠は、寛文五年（一六六五）に天満宮神主（現在の宮司）の神原至長《よしなが》が幕府に出した嘆願書や、延宝八年（一六八〇）に天満宮が発行した「摂州西成郡南中島惣社天満宮略御縁起」などです。いわば、江戸前期における天満宮の公式見解といえるでしょう。

その後も、民間発行の書籍、たとえば元禄七年（一六九四）の『芦分船』や、元禄十四年（一七〇一）の『摂陽群談』、さらに寛政十年（一七九八）の『摂津名所図会』なども、そろって「天暦年中」を踏襲しています。近代以後も、明治三年（一八七〇）に天満宮が大阪府裁判所へ提出した『摂津国天満社』は創祀を「天暦年中」としています。

ところが、明治三十六年（一九〇三）の『大阪府誌』や、大正十一年（一九二二）の『大阪府全志』になると、典拠不明のままに創祀を「天暦三年」とします。

昭和三年（一九二八）『大阪天満宮略誌』（天満宮社務所）は、従来の「天暦年間」ですが、同年の藤里好古「天神祭船渡御式――水の都に火の祭」（『大大阪 四巻七号』大阪都市協会）は「天暦七年」になります。

〔天神祭の始まりは＝筆者注〕社伝に依れば天暦七年村上天皇の勅願により天満宮が創建せられた、翌年に始まるのであって其頃は「鉾流しの神事」と称せられて居たのである。

天満宮の創建を「天暦七年」とし、翌八年に「鉾流し神事」の名で天神祭が始まったという。藤里好古は「天満宮編修室」の所属でしたから、天満宮の公式見解が、それまでの「天暦年中」から一歩踏み出したといえそうです。

そして、昭和六年（一九三一）の『大阪府社 天満宮要覧』（天満宮教学部）、および翌年の『府社 天満宮神事要録』（府社天満宮）になると「天暦五年」になります。

さらに、昭和十五年（一九四〇）の「紀元二千六百年記念」に刊行された「大阪天満宮全図」は『大阪府誌』を踏襲したのでしょうか、「天暦三年」です。

また、昭和三十七年（一九六二）の『難波菅廟』（大阪天満宮発行）では、本文に「天暦の初め」と記しながら、巻末の年表は「天暦三年」とします。

では、近年の研究者の手になる『大阪府の地名Ｉ』（一九八六年、平凡社）や『国史大辞典 9巻』（一九八八年、吉川弘文館）はというと、なぜか「天暦七年」説を採っています。伝承のアンコンシャスバイアスですね。

このように、大阪天満宮の創祀年は近年になってから、「天暦年中→天暦三年→天暦七年→天暦五年→天暦三年」と揺れ動いています。もっとも、北野天満宮の創祀年が「天暦元年」ですから、それより以前に遡ることはないでしょうけれど。

このような創祀年の改変は、ひとり大阪天満宮だけにとどまることではありません。杭全《くまた》神社（大阪市平野区）の創祀についても、次のような指摘があります。

杭全神社の御創建年については、享保三年（一七一八）に成立した『平野郷社縁起』や『摂津名所図会』など、貞観年中と記されたものがほとんどであるが、一部に貞観四年（八六二）と記したものが存在する。貞観四年説は『大阪府誌』や『東成郡誌』、『東住吉区史』など明治以降の資料に限られ、いずれも「社伝によると…」と説明されている。歴史学的に実証することは困難であろうが、神社では式年を数える時や社歴を説明する場合に便宜上、貞観四年説を採用しており、来る平成二十四年に予定されている一一五〇年記念大祭も貞観四年を起点に計算されている。

（藤江正謹「杭全神社について」。関西大学なにわ・大阪文化遺産学研究センター『なにわ・大阪文化遺産学叢書18　杭全神社宝物撰』平成二二年所収）

大阪天満宮の創祀年の改変の様子と軌を一にしています。本書では、このような経緯に流されないために、江戸前期における「天暦年中」を採っているのですが、「天暦年中」そのものの信憑性については改めて検証します（四一・四二頁参照）。

天満宮の創祀年だけではなく、天神祭の始まった年についての伝承も検証が必要です。本書では、伝承に従って「創祀の翌年」と記してきましたが、「創祀の翌々年」とする文献もままあります。そのあたりの事情を探ります。

昭和三年（一九二八）の藤里好古「天神祭船渡御式」が、天満宮は天暦七年に創祀され、その翌八年に天神祭が始まったとする一節は先に引用しましたが、昭和七年（一九三二）の『府社 天満宮神事要録』が、その一節を次のようにリライトしています。

〔天神祭は＝筆者注〕社伝に依ると天暦七年（闕字）村上天皇の勅願により、当宮が創祀せられた翌年に始まる

文意は変わっていないのですが、厄介なのは、この『神事要録』は巻頭部で創祀について「天暦五年」説を採っていることです。そのため、ここに引用の「天暦七年」は「創祀」の年ではなく、「創祀せられた翌年」の意となりますが、天暦七年は創祀の「翌年」ではなく「翌々年」です。しかし、たとえ伝承とはいえ、「翌々年」では不自然ですから（なぜ、翌年からではないの

か、という不自然さ）、本書では「翌年」としている次第です。

補注：「天神祭」の名は、時代とともにさまざまに揺れています。『難波鶴』（一六七九）では「天満天神祭」、翌年の『難波鑑』では「天満天神御祓」、大岡春山の木版「摂州大坂天満宮御神事之図」（一八〇〇年頃）は「天満宮御神事」という具合です。その後は「天満祭」と「天神祭」が混在し、「天神祭」に定着するのは意外に新しいようです。

4 ❖「天満天神祠」付近の景観

藤原敦基・敦光の漢詩

天暦年中に大阪天満宮が創祀されると、その翌年に鉾流神事が始まったと伝えます。鉾流神事といえば、現在では天神祭の幕開けを告げる神事として理解されていますが、当初から同様の意味合いを持っていたとは考えられません。そのあたりを検証するために、平安期の大阪天満宮周辺の立地や景観がうかがえる漢詩を紹介します。それは、平安後期の文章博士・藤原敦《あつ》基《もと》（一〇四六～一一〇六）と藤原敦光《あつみつ》（一〇六三～一一四四）の兄弟が大阪天満宮に参拝した際に詠んだ二編の漢詩です。

兄弟の参拝年は不明ですが、敦基没年の嘉承元年（一一〇六）を下ることはありませんから、この漢詩は大阪天満宮についての信頼できる最古の文献となります。取っ付きにくい漢文ですが、平安中期の天満天神の周辺の風土がうかがえる重要な史料ですので、以下、上段に原文を、下段にその書き下し文を引用し、そのあとで、必要な箇所の詩意を読み解きます。

九月尽日陪天満天神祠　摂州
藤原敦基
渡口社壇訪土民
説言天満是天神
華栄便祝瑞籬菊
蒸礼近羞幽澗蘋
葉錦敗風秋尽夕
木綿翻雪日晴辰
重巌松老無知歳
激浪花飛鎮駐春
城北霊祠猶仰徳
河陽古廟更歌仁

九月尽日　天満天神の祠に陪す　摂州
藤原敦基
渡口の社壇　土民に訪《と》えば
説《いうなら》く　天満是れ天神なりと
華栄　便《すなわ》ち祝《いの》る　瑞籬《ずいり》の菊
蒸礼　近く羞《すす》む　幽澗の蘋
葉錦は風に敗《やぶ》る　秋の尽きんとする夕べ
木綿は雪を翻《ひるがえ》す　日の晴るる辰《とき》
重巌の松老いて　歳を知ることなく
激浪の花飛びて　鎮《とこしなえ》に春を駐《とど》む
城北の霊祠に　なお徳を仰ぎ
河陽の古廟に　更に仁を歌う

村閭遠近低頭至
報賽黄昏帰海浜

藤原敦光

枌楡社下思丁寧
天気蕭條地勝形
渡口潮添寒浪白
江干松老暮煙青
叢祠基趾多経歳
槐鼎官班昔応星
菊混紙銭花已悴
林欺錦繖葉将零
三秋徂景帰羈路
万代祝言唱廟庭
蓬嶋李門尋累跡
寄望高仰徳風馨

村閭《そんりょ》 遠近《おちこち》より頭《こうべ》を低《た》れて至り
報賽《ほうさい》して 黄昏《たそがれ》に海浜に帰る

藤原敦光

枌楡《ふんゆ》の社《やしろ》の下 思い丁寧《ねんごろ》なり
天気蕭條として 地は勝形
渡口に潮添いて 寒浪《かんろう》は白く
江干《こうかん》の松老いて 暮煙は青し
叢祠の基趾 多く歳を経て
槐鼎官班 昔星に応ず
菊は紙銭に混じりて 花は已に悴《やつ》れ
林は錦繖と欺《うたがわ》れ 葉は将に零《おち》んとす
三秋の徂景 羈路《きろ》に帰すとも
万代の祝言 廟庭に唱う
蓬島李門 累跡を尋ね
望を寄せて高く仰がん 徳風の馨るを

（本間洋一『本朝無題詩全注釈　三』新典社、一九九四年。北山円正「藤原敦基・敦光『九月尽日、陪天満天神祠』注釈（上・下）」『神戸女子大学文学部紀要』30・31号、一九九七年）

右の詩題によれば、敦基・敦光の兄弟が某年の九月尽日（末日）に摂津の天満天神を祀る祠に詣でて詠んだことがわかります。『難波菅廟』（大阪天満宮社務所、一九六三年）は、それを左のように拡大解釈します。

延久二年（一〇七〇）九月晦日に皇太子に従って来た文章博士藤原敦基、敦光の兄弟が社参し「陪天満天神祠」（『本朝無題詩』）の二詩を詠じた。

詩詠年を「延久二年」としたのでは、敦光がまだ満七歳ですから難しいですね。「皇太子に従って」については、詩題の「陪す」が「貴人に付き従う、お供をする」という意味を持つことから推測した解釈なのでしょう。延久二年なら貞仁親王（のちの白河天皇）に従ってということになりますが、その社参を裏付ける史料は見当たりません。むしろ、『北野天神縁起（弘安本）』に記された道真の託宣「老松・富部とて我に二人の侍従あり（中略）我が居たる左右に置くべし」を受けて、敦基・敦光兄弟が、自分たちを天神の侍従になぞらえて陪したと解しておきましょう。

渡船場の古びた「叢祠」

では、兄弟の漢詩から、付近の様子がうかがえる詩句を読み解きます。敦基の第一句と、敦光の第三句に「渡口」と見えます。渡口とは、渡し場、渡船場のこと、当時は現在の大阪天満宮あたりまで海岸線が迫っており、天満宮の地先に大川（旧淀川）の河口が広がっていました。現在のように、天満宮地先から十キロも西方に海岸線がある地形とはまったく異なります。この渡口は大川対岸への渡船だけではなく、海岸沿いの移動にも利用されたのでしょう。

敦基の第七句に「積み重なった岩に樹齢もわからないほどの老松が生え」、敦光の第四句に「岸辺の松は老いて」とありますから、付近には、松林が広がっていたことがわかります。大阪天満宮の伝承では、この松林は「大将軍の森」と呼ばれたのが、「天満天神」の祠ができてからは「天神の森」に変わったといいます。現在の地名「南森町《みなみもりまち》」も（かつては、その北側に「北森町」もありました）、この松林の名残です。

敦基の第十一・十二句は「遠近の村々から人々は頭を垂れて天満天神に参拝したあと、夕暮れの黄昏時に海浜の家に帰っていく」情景を詠みます。敦基の第六句にみえる「木綿」や、敦光の第七句の「紙銭」も、参拝時に供えたものでしょう。渡船場の船人や、近隣の漁民たちは

「九月尽日陪天満天神祠」の詩碑
大正8年（1919）に大阪天満宮境内の南側に建立された。

一日の終わりに天満天神祠に参拝する習慣だったようです。帰る先が、川岸ではなく海浜の家であることも、海辺に開けた河口であることを物語っています。

詩句のうち注目すべきは、敦光の第五句に「叢祠の基趾は多くの年を経て古びている」とあることです。「叢祠」には二種の意味があり、一つは「そうし」と読み「叢の中にある祠」をいい、いま一つは「ほこら」と読んで「神を祀る小さな祠」を意味します。ここでは、後者の意と解さねばなりません。毎夕に船人や漁民が詣でる祠なのに、前者のいう叢に覆われていたのでは不自然だからです。

そして、多くの年を経ているようにみえるのが、「叢祠」そのものではなく、その「基趾」だということにも留意したい。裏を返せば、祠はいつのころにか修復されて新しくなっていたが、基趾だけは創祀時のままに古びてしまっていたと解せるからです。となれば、この天満天神祠の創建は、伝承にいう「天暦年中」か否かはさておいても、十世紀に遡ると考えて無理はなさそうです。
なお、この漢詩については、大正八年（一九一九）に、天満宮境内の南側に詩碑が建てられています。

5 ❖ 正暦五年の御霊会と鉾流神事・天神祭

疫神を封じ込めた御輿二基

大阪天満宮の立地や景観が少し見えてきたところで、大阪天満宮創祀の翌年に始まったという鉾流神事について考えます。まず、鉾流神事についての通説を確認しておきましょう。

鉾流神事では、大阪天満宮の社頭の浜から大川に神鉾を流し、それが漂着した地にその年限りの御旅所（行宮《あんぐう》）を仮設する。その後、本殿に祀られているご神霊を奉戴した神輿が大阪天満宮周辺を渡御し（陸渡御）、さらに神輿を船に乗せて下流の御旅所へ向かい（船渡御）、御旅所での神事を終えたあと、再び本殿に還御する。この陸路・船路の渡御を「天神祭」という。

このように、鉾流神事は天神祭の幕開けを告げる神事と理解されています。ところが、伝承では創祀の翌年に「天神祭が始まった」とは言わずに、「鉾流神事が始まった」といいます。「鉾流神事」に限定するような言い方です。後世には、この伝承にいう「鉾流神事」は「天神祭」と同意であるというような説明もなされますが、それは後付けでしかありません。

ここは素直に、まだ鉾流神事と天神祭が一連のものではなく、神鉾を流す神事だけが行われていたと受け止めるべきでしょう。そもそも、平安中期に天満宮の地先から神鉾を流せば、それはすぐに大海に流れ出てしまいます。神鉾の漂着地に御旅所を仮設することは不可能です。右のような理解は、海面の後退に伴い大阪湾岸の陸地化が進んでからの後付けでしかありません。

では、何のために鉾を流したのか。それを考えるためには、平安時代最大の疫病流行のさなかに、平安京で行われた「御霊会《ごりょうえ》」がヒントになります。ここで、京都の御霊会に話を移すことは、余計な寄り道のように見えるかもしれませんが、そうではありません。ここから大阪天満宮の立地のもつ意味が浮かび上がるとともに、天神祭に担がれている鳳《おおとりみ》神輿《こし》・玉神輿の由来さえも見えてくるのですから。

この御霊会は、先に疫病の被害の大きさを紹介した正暦の疫病大流行の際に行われました。平安末期の歴史書『本朝世紀』の正暦五年（九九四）六月二十七日条に記されています。

この日、疫神のために御霊会を修せらる。木工寮の修理職、御輿二基を造り、北野船岡の上に安置す。まず僧侶を屈し、二王経を講ぜしむ。城中の伶人音楽を献ず。会集の男女、幾千人なるかを知らず。幣帛を捧ぐる者、老少街衢《がいく》に満つ。一日の内に事了りて、これを山境に還し、彼より難波の海に還し放つと云々。この事は公家の定めに非ず。都人蜂起して勤修せしなり。

現代の鉾流神事
中央公会堂の北に架かる鉾流橋北詰の鉾流祭場で行われ、宮司が穢れ祓いの人形（ひとがた）の菰包みを、神童が神鉾を大川に流す。左上に見えるのは、流された鉾を拾い上げる「御鳥船」（172頁参照）。

正暦の御霊会は、北野天満宮の北東にある船岡山で修されました。平安京を中心に各地で猛威を振るっていた疫神を、山上に据えた二基の御輿に封じ込め、難波の海に流し去ることで疫病を退散させようというのです。朝廷の木工寮《もくりょう》が御輿を作り、雅楽寮《ががくりょう》の伶人が音楽を献じていますが、「公家の定めに非ず」とありますから、朝廷ではなく、民間（都人）主導の御霊会だったようです。

補注：『本朝世紀』にみえる「御輿」は輿の尊敬・丁寧語で、ご神体を奉戴する輿の場合は「神輿」と書きます。しかし、同じ輿をご神体奉戴前には「御輿」、奉戴後は「神輿」と使い分けるとも聞きます。天神祭で話題の、女性が担ぐ「ギャルみこし」は平仮名表記です。これとよく似た使い分けに、「祭」「祭り」「まつり」があります。これも神様との距離感を表しています。

渡辺党による天満宮の創祀

正暦五年（九九四）六月、船岡山から放たれた二基の御輿は、北野天満宮の西方を南流する天神川・桂川から淀川へ流れ込みます（高橋昌明「よごれの京都・御霊会・武士――続・酒呑童子説話の成立」『新しい歴史学のために』№．１９９）。そして、大川（旧淀川）河口付近まで流れてきた二基の御輿を、難波の海に流し去る任務を担っていたのが渡辺党でした。

渡辺党とは、現在の大阪天満宮の地先に架かる天神橋と天満橋の中間あたりの渡辺津を本拠とした武士団です。嵯峨源氏の源融《みなもとのとおる》の子孫である渡辺綱《わたなべのつな》を始祖とし、のちに、大江御厨《みくりや》の渡辺惣官に任ぜられて、難波の海の港湾管理にあたりました。渡辺綱は、大江山の酒呑童子《しゅてんどうじ》を退治した源頼光《らいこう》の四天王の一人として有名ですが、天満宮とのかかわりについては後述します。

大江御厨とは、大川河口辺りから現在の東大阪市の川俣・御厨辺りに広がる荘園で、宮中に魚類や米を貢進していました。その広大な領域の内、天満宮地先付近は「大江渡」と呼ばれ、その「大江渡の辺り」から「渡辺」の地名が生まれ、大川の右岸は「北渡辺」、左岸は「南渡辺」と呼ばれました。

高橋昌明氏は、正暦五年（九九四）に流された二基の御輿を踏まえて、渡辺党の役割を次のように説きます。

渡辺は祓所であるとともに、鴨川や平安京の東・西・北、淀川流域において祓われたすべてのケガレが、最後に「日本」全体の祓所たる難波の海に流れこむのを、見届ける重要地点だった。渡辺党がケガレを祓う任務と、無縁だったとは思われない。

（高橋昌明『酒呑童子の誕生――もうひとつの日本文化』一九九二年、中公新書。のち『定本　酒呑童子の誕生――もうひとつの日本文化』（岩波現代文庫、二〇二〇年）。

大川河口あたりは、古くは難波長柄豊碕宮に鬼気が侵入するのを防ぐ道饗祭の地でした。そして、平安京の時代になると、日本中のケガレを最後に難波の海に流し出す地となったのです。

私は、この正暦五年（九九四）の御霊会を契機として、渡辺党が「天満天神」を創祀したと考えています。そもそも創祀伝承に言う天暦年中（九四七～九五七）の創祀では、あまりにも早すぎます。北野天満宮と同時期に、村上天皇がこの辺鄙な地に天満宮を建てたというのは少し無理があります。だからと言って、天暦年中よりも何百年も後世の創祀だともいえません。嘉承元年（一一〇六）を下ることのない藤原敦基・敦光の漢詩が天満天神について「叢祠基趾多経歳」と詠んでいるのですから。

そこで、正暦五年（九九四）に日本中のケガレを封じ込めた二基の御輿を難波の海に流し出したことを機に、その任を担った渡辺党がこの地の象徴性を踏まえて、疫病退散を祈願する「天満天神」を創建したのではないか、と考えています。そして、二基の御輿を流したことを踏まえて、創祀の翌年に、周辺のケガレを神鉾に込めて海に流し出した、これが当初の鉾流神事だったと推測します。

その後、大川の河口が西方に張り出していくに伴い、川岸の住民も増え、疫病退散を願う天神祭が始まる。すると、鉾流神事は天神祭の前儀として位置づけられようになり、御旅所の地を卜定《ぼくじょう》する意味付けが行われたのではないか。神霊の渡御のための神輿についても、かつて難波の海に流れ出した二基の御輿のイメージを受けて、鳳神輿と玉神輿の二基を準備したのではないかという推測です。

渡辺党が天満宮を創祀したことを裏付ける直接的な史料はありませんが、文永十一年（一二七四）に、渡辺党の内部で天満天神の神事を巡って争った史料があります。『新修大阪市史　史料編第三巻　中世Ⅱ』の同年項に、渡辺党を構成していた遠藤為景と、渡辺栄・嗣・告らが「渡辺

天満橋から天神橋を眺める
かつてこのあたりでは難波長柄豊碕宮に鬼気が侵入するのを防ぐ道饗祭が行われ、平安京の時代には日本中のケガレを難波の海に流し出す地だった。

天満宮」の神事をめぐって相論に及んでいます。「渡辺天満宮」とは、現在の大阪天満宮をいいます。「大江の渡」の北岸は北渡辺、南岸は南渡辺と呼ばれましたが、この神社名はその地名によるとは考えにくく、渡辺党による創祀を示す史料と言えるでしょう（竹居明男「天神信仰編年史料集成・同続編稿、訂正追補〔付〕大阪天満宮に関する鎌倉時代後期の新史料」『文化史学』第73号、二〇一七年）。

この争いから二百二十余年後には、室町後期の公家・三条西実隆《さんじょうにしさねたか》が「渡辺天神」の法楽連歌について記録しています（五五頁参照）。天満宮が渡辺党の創建であることは都でも周知だったようです。

補注：渡辺綱に「つな」のルビを打ちましたが、渡辺実・京都大学名誉教授は、綱の先祖にあたる源融・源順などは漢字一文字名で動詞の終止形の読みだから、綱も「つな」ではなく「つなぐ」ではないかと指摘されたそうです（金水敏・大阪大学名誉教授のご教示による）。だとすると、先の「渡辺栄・嗣・告」も「さかゆ・つぐ・つぐ」になります。

酒呑童子説話と大阪天満宮

右の神事相論の史料に加えて、渡辺党と大阪天満宮の関係を物語る傍証として「酒呑童子説話」を挙げておきます。説話を傍証とすることには違和感があるかもしれませんが、それなりの説得力のある推測だと思いますので、しばらくお付き合いください。まずは、酒呑童子説話の梗概を簡単に紹介します。

大江山に棲む酒呑童子が洛中洛外の人々を誘拐する事件が相次ぐ。そこで、源《みなもとの》頼光《らいこう》と藤《ふじ》原《わらの》保昌《ほうしょう》の両名に酒呑童子追討の命が下る。頼光は渡辺綱・坂田《さかたの》（酒田）公時《きんとき》、碓氷《うすい》（碓井）貞光《さだみつ》・卜部季武《うらべのすえたけ》の四天王を、保昌は大宰少監を従えて、大江山に向かい酒呑童子を退治する。

大江山は京都府の北部、与謝野町・福知山市・宮津市にまたがる連山です。この説話につい

「大江山絵詞」
源頼光が勅命によって配下の四天王とともに、諸神の加護を得て大江山の酒呑童子を退治する物語。四天王のひとり渡辺綱も酒呑童子の右下に描かれている。（逸翁美術館蔵）

ては、すでに佐竹昭広『酒呑童子異聞』（平凡社、一九七七年）や、前掲の高橋昌明『酒呑童子の誕生――もうひとつの日本文化』などの優れた研究があるので、それらに導かれながら、私見も交えて渡辺党と大阪天満宮の接点を浮かび上がらせましょう。

高橋昌明氏は「酒呑童子の原像は、都に猛威をふるう疫神、とくに前近代日本の疾病中、最大の脅威であった疱瘡をはやらせる鬼神だった」と指摘していますが、この酒呑童子が都を不安に陥れたのは「正暦年中」でした。酒呑童子説話の最古の伝本である陽明文庫「酒天童子物語絵詞」の冒頭に「正暦年中□□都鄙の貴賤をうしなひ遠近の男女をほろぼす」とあります。先に紹介した正暦の御霊会の原因となった疫病が、この説話に投影されています。

となれば、御霊会から流された二基の御輿を難波の海に放出し、大阪天満宮を創建した渡辺党と酒呑童子との接点が見えてきます。渡辺党の始祖である渡辺綱が、四天王の筆頭として酒呑童子を討つのは必然でした。渡辺党が渡辺天満宮（大阪天満宮）を創建し、酒呑童子説話の創作にも関わったという推測の上で話を進めます。

先に、源頼光以下の追討勢の名にルビを打っておきましたが、お気づきになりましたでしょうか。源頼光と藤原保昌は実在の人物ですから、本来は「よりみつ」「やすまさ」と読むべきところを、「らいこう」「ほうしょう」とルビを付しました。酒呑童子説話では、二人はこの読みで登場します。

「らいこう」については、高崎正秀氏が「雷公＝道真」に響かせるためだと指摘しています（高崎正秀「金太郎誕生縁起」『著作集』第七巻、桜楓社、一九七一年）。その驥尾に付すようですが、私は「ほうしょう」は、道真と同時代の天台宗の僧で、道真の没後には天台座主となった法性坊《ほっしょうぼう》尊意《そんい》に響かせていると考えています。大阪天満宮では、明治の神仏分離までは、本殿に天神とともに法性坊尊意を祀っていました。天神祭には、鳳神輿に天満天神が、玉神輿に法性坊が奉戴されて渡御します。それは、能『菅丞相』や『雷電』において、法性坊が道真の怨霊を法力で鎮める役割であることと関わるのですが、詳しくは一五三〜一五六頁で再説します。

「オオエ」の記号性

次に、大江山の「オオエ」の地名についても考えます。

「大江山」の酒呑童子が語られる以前は、その棲家は平安京西方の「大枝山（京都市西京区）」だったことが明らかになっています。当初、大枝山を棲家としていた酒呑童子は、やがて市街地化の波に追われて、奥深い丹波の大江山に移ります。平安京は東部を中心に発展し始め、西部の開発が遅れました。ですから、当初は「大枝」に鬼が棲んでも不自然ではなかったのが、次第に地域が開発された結果、都の西方の「大枝」から、西北の「大江山」に移ったというわけです。

この大枝山には、丹波から山城に入る国境の峠「老の坂」があり、その付近の円墳は「酒呑童子首塚」と呼ばれています（村井康彦『京都・大枝の歴史と文化』思文閣出版、一九九一年）。この「大枝」から「大江」への移動の前段階として、渡辺党の本拠地「大江渡」が棲家ではなかったか、というのが私の推測です。

「オオエ」の地名については、中西進氏が興味深い指摘をしています。「オオエ」がもつ記号性について、神が国造りの後に「オエ」といった話（『出雲風土記』）と、天皇が熊に出会って突然「ヲエ」てしまった話（『古事記』）を紹介した後に、次のように言っています。

オオエなる地名は、このオエやヲエと同じらしい。要するに神霊のしずまる土地なのだ。話の口ぶりをかえれば、鬼がすむところともなろう。

（「鬼の住み家」『読売新聞』一九九〇年七月十一日）

たしかに、大将軍社・天満天神祠の地は、長柄豊碕宮に侵入する「鬼気」を道饗祭によって鎮める地であり、御霊会で流された二基の御輿を難波の海に放出する地でしたから、鬼が棲むところでもあったということです。

以上の考察を踏まえれば、酒呑童子説話は、渡辺党がその原話を創作し、その舞台は「大江渡」から「大枝」を経て「大江山」に移っていったことが見えてきます。加えて、渡辺党が大阪天満宮を創祀したという仮説も信憑性を増すようです。

渡辺氏が創った原話では、天満天神祠に祀られた天満天神（雷公）と法性坊尊意が、宮都の四方の道饗祭の地を象徴する「四天王」を従えて、「大江渡」から長柄豊碕宮に侵入しようとする鬼気＝酒呑童子を討つものだったと推測されます。この原話が、正暦の疫病大流行を機に、大江山を舞台に改作され、天神を雷公＝頼光に、法性坊を保昌にアレンジして、いまに伝わる酒呑童子の物語になったということです。

推測に推測を重ねた最後に、作家の藤本義一の文章を引いておきます。

「大昔はな、天神祭の晩には、大江山あたりから鬼が仰山大阪へやってきましてな、あの橋の下あたりで、舌舐めずりしていたもんやそうでっせ」と、同席していた九十歳の芸人さんが教えてくれた。橋の下の鬼たちは、橋から滾《こぼ》れ落ちてくる人間を待ち受けていたのだという。

（藤本義一「天神祭り」『探訪神々のふる里5　飛鳥から難波へ』小学館、一九八二年）

九十歳の芸人の話がいつごろから伝えられてきたものかわかりませんが、天神祭の夜に「大江山」から鬼がやってくることに興味をそそられます。実は、牧村史陽編『大阪ことば事典』の「天神祭」項にも、似た話があります。それは、大江山ではなく地獄の鬼が、難波橋の下で天神祭を見物しながら、「橋の上を見よ、人で鮓《すし》が押してある、おっつけ橋が落ちて川中へつかる、つかったら喰ふのぢゃ」というものです。話のなりたちから考えると「地獄の鬼」のほうが自然に思えますが、その裏返しに「大江山の鬼」のほうがこの伝承の古体を伝えているようにも思えます。

コラム①

天神と三大鬼退治

疫病を原像とする酒呑童子（鬼神）は、疫病退散の神である天満天神の化身である源頼光に討たれた。それなら、鬼退治で有名な一寸法師も、桃太郎も天神の化身ではないのか。この推測を論証するには紙幅が足りませんが、そのさわりを少しだけ。

まず、一寸法師のモデルは、神話に登場する、背丈の低い「少彦名命《すくなひこなのみこと》」であり、少彦名命は、天神地祇という場合の「天神」として祀られていました（たとえば、京都の五条天神社）。平安中期に天満天神が祀られるようになると、両「天神」は同名であるとともに、疫病退散の神徳も同じだったため、次第に融合が進みます。その過程で、菅原道真は背が低かったという「両張面」の伝承が作られました。

道真を真ん中に三人で橋を渡っていたとき、片端の藤原時平が三人の（真ん中が凹んでいる）姿は「小鼓」のようだとからかった。すると、道真は「両張面」と言って両側の二人の頬を打った。

鼓は左右の両面を打つことからの機転です。このように、史実とは関係なく、少彦名命に響かせるために道真は小さいことが強調され、天満天神の化身としての一寸法師のイメージが作られていきます。

一方、桃太郎の説話については、道真が讃岐（香川県）に赴任中に創った話だという伝承があり、讃岐の鬼ヶ島（高松市）には、天満天神が祀られています。

また、大阪天満宮の境内社となった大将軍社は、道饗祭で祀られた三柱（八衢比古神《やちまたひこのかみ》・八衢比売神《やちまたひめのかみ》・久那斗神《くなどのかみ》）に加えて、「於富加牟津見神《おおかむつみのかみ》」を合祀しています。同神は悪気を祓う霊力を持つ「桃の精」であり、桃太郎のモデルでした。さらには、桃太郎のお供の猿・雉・犬は、鬼の棲む西方の十二支「申・酉・戌」に対応しますが、申＝猿、戌＝犬はいいとして、酉＝鶏は天満天神には不都合でした。なぜなら、道明寺説話の通り、鶏鳴を機に太宰府へ出立せざるを得なくなった道真の無念を思い、天神信仰では鶏を忌避するからです（口絵参照）。そこで、桃太郎のお供は鶏ではなく雉に代えられました。大阪天満宮の表大門にある「十二支方位盤」も、酉の位置には、鶏を避けて鳳凰を配しています。

このように、三大鬼退治には、天満天神が色濃く影を落としていますが、詳しくは別著を期しましょう。

十二支方位盤
大阪天満宮の表大門に吊るされている。酉の位置には、鶏を避けて鳳凰を配している。

第二章

大阪天満宮の発展と天神祭

1 ❖ 大阪天満宮と連歌

鎌倉末期にもなると、天満天神は疫病退散を願う神としてだけではなく、「文学の神」や「連歌の神」としても崇敬されるようになります。生前の菅原道真が学識に優れた学者であったことから生まれた神格です。室町時代に各地の天満宮で連歌会が開かれるようになると、正面の床の間には、天神画像や神号「天満大自在天神」の軸をかけ、連歌の一座を行う慣習もできました。

連歌師・飯尾宗祇の発句

大阪天満宮における連歌会としては、文明十年（一四七八）七月二十五日に奈良興福寺の尋尊《じんそん》大僧正（一四三〇～一五〇八）が大阪天満宮に参詣し、「天満法楽」を行ったというのが最古の記

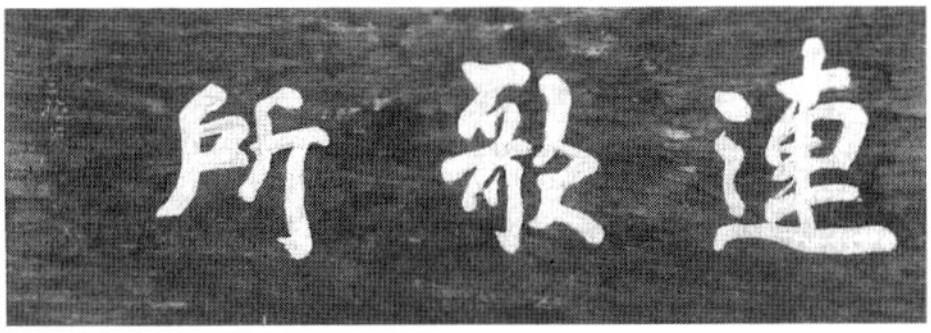

大阪天満宮にあった連歌所の懸額

録です（『尋尊大僧正記』）。「法楽」とは神仏に連歌や芸能を奉納することを言います。この前年の十一月には応仁の乱（一四六七～一四七七）が終わっていますから、戦後まもなく毎月二十五日の月次《つきなみ》（月例）の法楽連歌が再興されたのでしょう。

続いて、明応四年（一四九五）三月二十一日には、室町幕府の管領・細川政元（一四六六～一五〇七）が大阪天満宮に法楽連歌を奉納しています（『実隆公記』）。政元は、この前年十二月に十代将軍・足利義稙《よしたね》を退けて、足利義高（後の十一代将軍・足利義澄）を擁立し、幕府の実権を掌握していますから、最高権力者の連歌奉納でした。

道真の没後六〇〇年に当たる文亀二年（一五〇二）二月二十五日に興行された千句連歌には、当代一の連歌師・飯《いい》尾《お》宗祇《そうぎ》（一四二一～一五〇二）が次の発句を寄せています。

あすもみん松におおへの夕霞

「おおへ《（大江）》」は、大阪天満宮地先の「大江の渡の辺り」です。この「大江の渡の辺り」が渡辺で、同地の渡辺津を本拠としたのが武士団の渡辺党だったことは先に述べました。

この他にも、宗祇の弟子の牡丹花肖柏《ぼたんかしょうはく》（一四四三〜一五二七）や、肖柏の弟子・宗訊《そうじん》（一四八三〜?）の句集にも、大阪天満宮の連歌会で詠んだ句が載っています。また前内大臣《さきのないだいじん》・三条西実隆（一四五五〜一五三七）も、永正十二年（一五一五）二月二十五日の連歌会に発句を残しています（『再昌草』）。

このように、応仁の乱以降、大阪天満宮の連歌会所は、宗祇・肖柏・宗訊など当時の名だたる連歌師や、管領や前内大臣など政治のトップクラスの公家や武将が連衆として参加する社交場にもなっていました。

連歌所宗匠・西山宗因

その伝統は江戸時代にも受け継がれます。江戸前期の正保四年（一六四七）には、西山宗因《そういん》（一六〇五〜一六八二）が大阪天満宮の連歌所宗匠に就き、戦国期に途絶えた月次連歌を復活し、慶安五年（一六五二）正月十八日〜二月二十五日には道真の没後七百五十年記念の「万句興行」を成功させています。

その後、宗因は天満宮近くの「向栄庵」に住み、連歌を指導しながら、遊び心豊かで奇抜な発想の俳句を作り、談林派と呼ばれる一派を生み、井原西鶴はその弟子の一人でした。松尾芭

西山宗因の句碑と向栄庵跡の碑
境内にある句碑は宗因が没して118年後の寛政11年(1799)に建てられたもので「浪花津にさく夜の雨や花の春」の句が刻まれている。向栄庵跡の碑は昭和48年(1973)に大阪市顕彰史跡として建てられた。

蕉(一六四四～一六九四)は、宗因のことを俳諧の「中興開山」と称し、宗因がいなければ芭蕉の俳句もなかったとまで言っています。

このように戦国時代から江戸時代にかけて、大阪天満宮は大坂の文化拠点としても発展していきます。

2 ❖ 大坂本願寺との交流

本願寺門主の参詣

戦国時代の明応五年(一四九六)、本願寺八世・蓮如《れんにょ》(一四一五～一四九九)は、現在の大阪城天守閣辺りに隠居所(大坂坊舎)を建立しました。天文二年（一五三三）には、本願寺十世・証如（蓮如の曽孫。一五一六～一五五四）がこの坊舎を一派の本山とします。これが大坂本願寺（石山本願寺）です。その周辺には寺内町も建設されますが、それに先立って、脇門跡であった興正寺が天満に移っていましたから、大川を越えて天満にも多くの僧俗が移り住み、準寺内町として発展します。従前の大阪天満宮の門前町がにぎわい始めていたところに、新たな町並みが形成され、地域の発展が加速していきます。

このような事情から、当時の本願寺関係者の日記には、「天満宮」や「天満森」などの記事が散見できます。八世・蓮如の末子である順興寺実従（一四九八～一五六四）の日記「私心記」によると、天文二年（一五三三）九月十六日に、実従は「天満森」で蹴鞠《けまり》をし、翌々年の二月十四日には天満宮の梅見物を楽しんでいます。そして、天文十三年（一五四四）七月二十五日には、本願寺の寺内十ヵ町の住人が天満宮に「風流踊り」を奉納し、実従も見物しています。

十世・証如の日記『天文御日記』には、天文五年（一五三六）十一月十一日に細川晴元（一五一四～一五六三）の家臣・田井源介が天満宮周辺で「鶴一羽」を捕まえたという記事があります。翌六年四月十九日には、証如自身が女房衆を伴って天満宮に参拝、銭「百疋」を奉納し、天文十六年四月二十日には「食籠《じきろう》二樽」を贈り、天文二十一年三月二十六日にも「天満へ気晴らし」に出かけました。

「私心記」『天文御日記』の記事から、天満宮付近には町並みが形成されてはいるものの、その周辺には天神の森（松林）が残り、自然の景観と町並みが共存していたことがうかがえます。ただ、両日記ともに天満宮についての記述が散見されるのに、天神祭について触れるところがないのは、まだ寺内で話題になるほどのにぎわいではなかったのでしょうか。

大坂本願寺合戦

元亀元年（一五七〇）九月、本願寺十一世・顕如（証如の子。一五四三〜一五九二）は、織田信長と交戦状態に入り、大坂本願寺合戦（石山合戦）が始まります。大坂本願寺には各地から駆け付けた門徒衆が籠城し、信長軍は本陣を天満に置いて、本願寺を攻囲しました。

このとき、天満宮の神主・社家（世襲の神職家）は、神崎川対岸の北中島・南中島の一揆勢（中島一揆という）とともに本願寺に籠城しています。神社が本願寺と共闘することに違和感をもつ方もいるかもしれませんが、当時は神社仏閣も世俗権力の一つであり、信長軍と戦うことは異常なことではありませんでした。

天正八年（一五八〇）三月には、十一世顕如の本願寺退去により、足掛け十一年にも及ぶ合戦は終息し、顕如は紀伊の鷺森《さぎのもり》御坊（現在の本願寺鷺森別院。和歌山市）へ退去し鷺森本願寺とします。のち天正十一年には、和泉の貝塚道場（現在の貝塚御坊願泉寺。大阪府貝塚市）に移り貝塚本願寺とします。

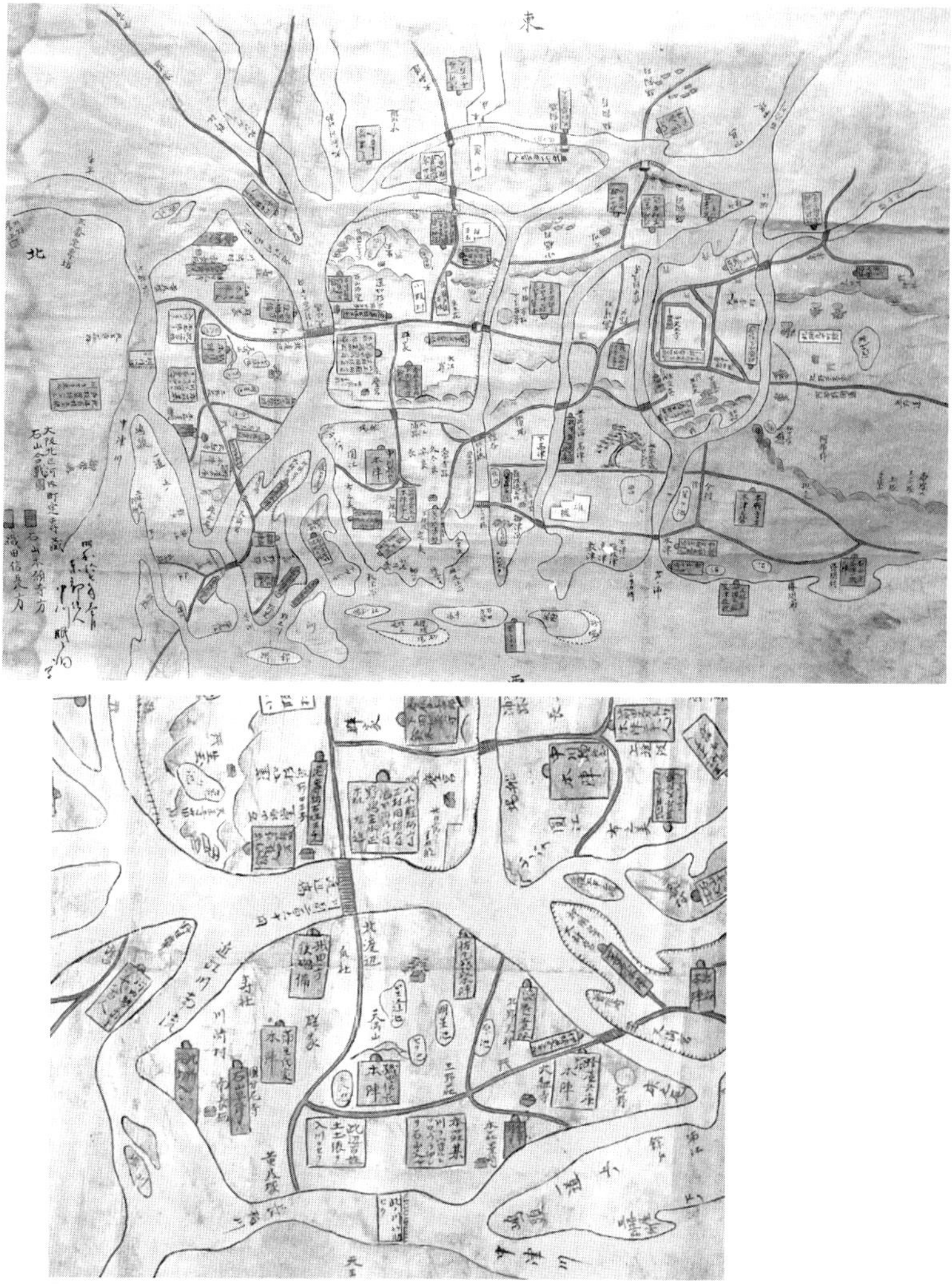

「石山合戦配陣図」
大阪定専坊所蔵の大坂本願寺合戦配陣図を中川眠之助が写したもの。下は大阪天満宮周辺を拡大し、半時計回りに90度回転させたもの。（和歌山市立博物館蔵）

天満宮は、この大坂本願寺合戦によって、それまで所有していた周辺七ヵ村・二千五百貫の所領と、大川を航行する船から帆別銭（通行料）を徴収する権利を失ったと伝えています。

3 ❖ 豊臣政権下の天満本願寺

大村由己の万句興行

天正十年（一五八二）六月二日の「本能寺の変」により織田信長が倒れると、政権を継いだ羽柴秀吉は、天正十三年（一五八五）五月三日に大阪天満宮の東方で自ら「縄打ち（区画の測量）」を行い、その地を本願寺に寄進しています。信長によって大坂本願寺から退去させられた十一世・顕如を、再び大坂に呼び戻そうということです。顕如の側近だった宇野主水《もんど》の日記「宇野主水日記」には、その区画が次のように記録されています。

中島天満宮ノ会所ヲ限テ、東ノ川縁マデ七町、北へ五町

「中島天満宮」とは、大阪天満宮のことです。その境内東側に隣接する東西七町（七六三m）、南北五町（五四五m）の広大な地に天満本願寺とその寺内町が建設されました。

「宇野主水日記」には、いま一つ興味ある記事が見えます。それは、天正十三年（一五八五）七月十日条に「中島天満宮会所の由己」が、顕如の子・教如（真宗大谷派の始祖）に自作の軍記を披露したといいます。由己《ゆうこ》とは、大阪天満宮の神宮寺であった宝珠院（別称は天満宮寺。大阪市北区）の住職を兼ねていた大村由己（号は梅庵。一五三六～一五九六）のことです。天正十二年（一五八四）十一月には、大坂本願寺合戦で天満宮が失った社地や社殿を復興するために「摂津中島天満宮万句」を興行しています。

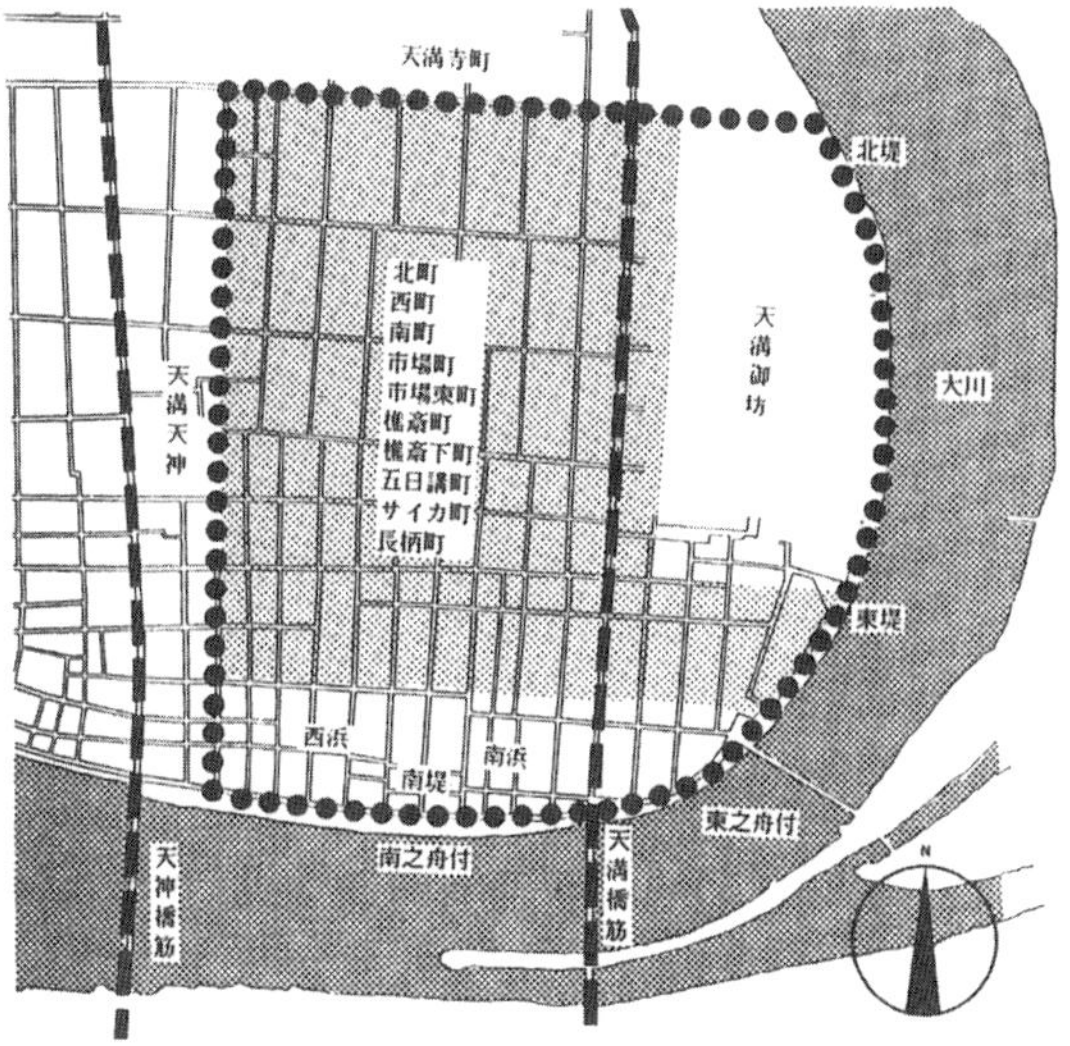

天満寺内町構成想定図
伊藤毅『近世大坂成立史論』（生活史研究所、1987年）より転載。

また、由己は天正十年頃には秀吉の御伽《おとぎ》衆《しゅう》（主君の話し相手になる近侍）となっており、その後、秀吉の軍記物語『天正記』（「惟任退治記」など全十二巻）を著したほか、「吉野詣」「明智討」などの新作能なども残し、連歌や俳諧にも通じた多才の文化人でした。

山科言経と天神祭

天正十三年（一五八五）六月に正親町《おおぎまち》天皇の勅勘《ちょっかん》（天皇による勘当）を受けた公卿・山科言経《ときつね》（一五四三〜一六一一）は、天満本願寺を頼って、その寺内町に移り住みました。その日記『言経卿記』には、連歌を通じて大村由己と交流する様子や、天満宮参拝の記事などが頻繁に出てきます。言経は転居翌年の天正十四年元日には天満宮に初詣し、「息災帰洛」すなわち勅勘が早く解けて無事に上洛できることを祈願しています。

同年六月二十五日には天満宮へ「参詣、看経《かんきん》」と記し、翌十五年と十八年の六月二十五日には「祭礼見物」と記しています。十四年が「祭礼見物」ではなく「看経」というのは、天神祭の喧騒のなか読経していたのでしょうか。十五年・十八年には「祭礼見物」とあるだけで、祭礼の様子や感想が記されていないのは残念なことです。

ちなみに、言経は九月二十五日の流鏑馬《やぶさめ》神事にも参詣しており、この記事は大阪天満宮における流鏑馬神事の最古の記録になります。ほかにも「的見物」や「年取」などにもたびたび参詣の記録がみえます。本願寺寺内町の成立により、天神祭や流鏑馬神事だけではなく日常的に多くの参詣でにぎわっていたことがうかがえます。

コラム②

大村由己と出雲阿国

歌舞伎を創始した出雲阿国《おくに》は、その名の通り「出雲大社の巫女」という触れ込みで売り出しました。その信憑性はさておき、大阪天満宮との知られざる接点を紹介しておきましょう。

有吉佐和子の小説『出雲の阿国』の冒頭には、大阪天満宮の「鷽《うそ》替《か》え神事」の日に、大村由己が境内で舞う出雲阿国と出会う場面が描かれています。阿国の時代にはまだ「鷽替え神事」は行われていませんから、この場面は小説上の作り話でしかないのですが、大村由己との出会いは史実です。公卿・山科言経の日記『言経卿記』の天正一六年（一五八八）二月十六日条には、「梅庵方で出雲国大社女神子、色々神歌、又小歌」とみえます。「梅庵」は由己の号、「女神子」は「巫女」のことです。由己宅で出雲大社の巫女が舞ったという記事です。この巫女は、阿国と考えていいでしょう。

当代一級の文化人であった由己が、出雲大社の巫女だという阿国を援助したとなれば、御伽衆・大村由己が秀吉に推薦し、秀吉の前で阿国が舞を披露した可能性も考えてしまいますが、それをほのめかす史料はありません。この三年後には、阿国は京都の北野天満宮でも興行し、その舞踊はやがて歌舞伎踊りとして発展・継承されていきます。大村由己は、発生期歌舞伎のパトロンだったと言えなくもないでしょう。

第三章

「祭日」の再検証

前章では、公卿・山科言経が、天正十四年（一五八六）六月二十五日に「参詣、看経」、十五年・十八年の六月二十五日に「祭礼見物」していたことを紹介しました。本章では、天神祭がなぜ「六月」の「二十五日」に斎行されたのかを検証したいと思います。加えて、大阪天満宮の先蹤ともいえる大将軍社の祭日についても考えましょう。

1 ❖ 「六月」と「二十五日」の検証

「二十五日」の意味

天神祭はなぜ「六月二十五日」に行われたのかと問えば、「それは道真の誕生日だから」という声が聞こえてきそうです。たしかに、現代ではそのように認識されています。旧暦（太陰太陽暦）の六月二十五日が誕生日で、それを新暦（太陽暦）に読み替えて、現在の七月二十五日になったという理解です。

しかし、ことはそれほど簡単ではないのです。竹居明男氏の研究によると、道真の誕生日を「承和十二年（八四五）六月二十五日」とするのは、菅原長視の『菅氏録』（一七五二）や、平田篤胤の『天満宮御伝記略』（一八二〇）など、江戸時代も後期になってからの史料だといいます（「菅原道真生誕日管見――『六月二十五日』説の由来」『文化史学 61』同志社大学・文化史学会、二〇〇五年）。言経の時代には、まだ道真の誕生日ではなかったのです。それどころか、道真の誕生に触れた史料があっても、そこには生年だけで月日は記さなかったり、月日を明記していても「正月十八日」や「二月十八日」と記したりしています。

ですから、天神祭の「六月二十五日」については、改めて考えなければならないのです。もっとも、道真に下った左遷の詔勅の日付が一月二十五日、太宰府に客死した日が二月二十五日だったことから、天満宮関係者の間では「二十五日」は道真の人生の大きな節目の日として特別視されたことは理解できます。現在でも、各地の天満宮・天神社において、毎月二十五日に月次祭を斎行している通りです。大阪天満宮でも毎月二十五日が特別な日であったことは、先に紹介した次の事例でも明らかでしょう。

文明十年（一四七八）七月二十五日の「天満法楽」

文亀二年（一五〇二）二月二十五日の「千句連歌」

永正十二年（一五一五）二月二十五日の「連歌会」
天文十三年（一五四四）七月二十五日の「風流踊り」
天正十四年（一五八六）九月二十五日の「流鏑馬神事」
慶安五年（一六五二）二月二十五日の「万句興行」

このように、毎月二十五日は特別な日でしたから、この日を天神祭の本宮としたのは自然な成り行きではあります。

二十五日の長潮

しかし、船渡御が二十五日に行われたことについては、別の事情もありました。それは潮の満ち引きです。船渡御の船列が昼に御旅所に向かうために下航し、夜に天満宮に戻るために遡航するとき、潮の干満の差が大きすぎると航行に支障が起こりかねません。大きな引き潮に逆らって船渡御が天満宮へ還幸するのは厳しいものがあります。また、祭礼の日の船には大きな神輿が積まれ、高い幟も立てますから、潮の満ち引きは橋下を通過する際には大きな影響を与えます。

周知のように、月と太陽の引力によって海岸や河川の下流部では、約半日周期で潮の干満を繰り返します。旧暦の一ヵ月（約二十九日間）の間に、月の満ち欠けは一日の新月から十五日の満月までの約二週間と、満月から再び月が欠けて新月になるまでの約二週間を循環します。この新月と満月のころは潮の干満の差が大きい「大潮」となり、その中間の半月のころは干満の差が小さい「小潮」になります。そして、ここが肝心なのですが、この小潮の末期（十日頃と二十五日頃）にはより干満の差が小さく、満ち潮・引き潮の変化が緩やかになるのです。この状態を「長潮」といいます。

長潮は、川を往復する船渡御にもっとも好機です。江戸時代には、この二十五日の長潮を特別な現象と考えていたようです。江戸後期の地誌『摂津名所図会』は、二十五日の潮の満ち引きについて次のように説明しています。

神輿の還幸は二十五日の夜五ツ過ぎの頃也。この日は常に汐昼八ツ時に満ちて、晩の五ツ時に干《ひ》るなり。然れども毎年この神事の日ばかり夜九ツ時までも汐干ることなく、川の流れ滔々とたたえて船路を安く神輿を還御なし奉る。これを貫い汐と言い習わしける。

当時は、船渡御の船列が戎島御旅所から天満宮へ還るのが、夜五ツ（二十時）過ぎでした。通常は昼八ツ（十四時）に潮が満ちて、夜五ツに潮が引くはずなのに、本宮の夜だけは夜九ツ（二十四時）になっても潮の満ち引きは穏やかで、船の遡航に支障がないと言い、この有難い状況を

「貫い汐」と言い習わしていると説明しています。

ちなみに、現在の船渡御は新暦の二十五日に行っていますから、年によっては大潮や小潮にあたることもままあります。川岸から船に架ける渡り板が急角度になったり、幟などで艤装した船が橋下の通過に難儀したりしています。

余談ですが、潮位の高いときに橋をくぐるには、乗船者たちが船上で協力して橋を持ち上げて（船体を低くさせて）通過したこともあり、これを「橋を担ぐ」と言いました。

「六月」の大祓・道饗祭・御霊会

以上のような条件のもとに、天神祭の祭日は二十五日になったようですが、では何ゆえに「六月」なのでしょうか。私は、天神祭が「六月」に定まった背景には、「大祓《おおはらえ》」「道饗祭」そして「御霊会」の影響があったと考えています。

「大祓」とは、古くから毎年六月晦日と十二月晦日に、すべての罪や穢れを祓うために宮中や神社で行われてきた神事です。六月は「夏越《なごし》の祓」、十二月は「年越《としこし》の祓」ともいいます。

「道饗祭」は、先に紹介した通り、宮都に「鬼気《もののけ》」が侵入するのを防ぐための神事でしたが、これも毎年の六月と十二月の晦日に行われました。道饗祭の故地に建てられた大将軍社は、現在も大阪天満宮の境内に鎮座し、年二回の道饗祭を伝えています。

「大祓」も「道饗祭」も、区切りのいい半年と一年の終わりを機に、すべてを浄化させようとする神事です。そして、この六月晦日に共鳴するのが、先に紹介した正暦の御霊会です。

正暦五年（九九四）の御霊会は、同年の六月二十七日に斎行されました。船岡山での御霊会のあと、流された二基の御輿が大江の渡（渡辺の津）辺りへ流れ着くのが六月晦日頃と想定していたのでしょう。このように、六月晦日は、穢れを祓う重要な日でした。

「大祓」に読み上げる「大祓詞《おおはらえのことば》」には、二基の御輿を難波の海に放出したことを意味付けるかのような表現があります。難解な祝詞《のりと》ですが、原文に句読点を打って引用し、その後に口語訳を付しておきましょう。

《原文》

高山の末、短山の末より、佐久那太理に落ち多岐つ。速川の瀬に坐す瀬織津比売と言ふ神、大海原に持ち出でなむ。此く持ち出で往なば、荒潮の潮の八百道の八潮道の潮の八百会に坐す速開都比売と言ふ神、持ち加加呑みてむ。此く加加呑みてば、気吹戸に坐す気吹戸主と言ふ神、根底国に気吹き放ちてむ。此く気吹き放ちてば、根国・底国に坐す速佐須良比売と言ふ神、持ち佐須良ひ失ひてむ

《口語訳》

〔大祓によって祓い清められた罪・穢れは〕高い山や低い山から落ち滾《たぎ》ると、流れの速い川の瀬にいる瀬織津比咩《せおりつひめ》神が大海原へ持ち出される。その罪・穢れを、数えきれない数の荒い潮流の合流地にいる速開津比咩《はやあきつひめ》の神がカッカッと呑み込まれ、息を吹きかけて、罪・穢れを払う出入口にいる気吹戸主《いぶきどぬし》の神が、それを根の国・底の国（異界）へ吹き飛ばされる。最後に、根の国・底の国にいる速佐須良比咩《はやさすらひめ》の神が、罪・穢れを持ってさまよい、やがて消失させてしまわれる。

神に祈って罪や穢れを祓うのは、川・海にいる瀬織津比咩・速開津比咩・気吹戸主・速佐須良比咩の神々にその除去を願うことでした。ちなみに、過去の揉め事などを、すべてなかったことにする意味の慣用句「水に流す」も、この大祓詞に由来しています。

正暦の御霊会において船岡山から流された御輿も、この瀬織津比咩・速開津比咩・気吹戸主・速佐須良比咩の神々によって難波の海の奥底に消えてしまったことになります。だとすれば、御輿を難波の海に放出する任を負った渡辺党の創祀になる大阪天満宮にとって、六月は一層意義深い月でなければなりません。

このような半年の終わりにあたる六月晦日の象徴的な意味合いに、道真にゆかりの二十五日がリンクして天神祭の祭日「六月二十五日」が定められたようです。

六月二十五日から七月二十五日へ

「六月」と「二十五日」について考えたところで、旧暦（太陰太陽暦）の六月二十五日が、現代の新暦七月二十五日に変更された経緯についても振り返っておきます。変更のきっかけは、いうまでもなく明治政府が明治五年（一八七二）十一月に新暦（太陽暦）を採用したことでした。

大阪天満宮では、翌年から旧暦の六月二十五日を、新暦に読み替えた日を天神祭の祭日としました。その後、五ヵ年間の祭日の変遷を挙げておきます。

明治六年（一八七三）七月十九日（土）
明治七年（一八七四）八月七日（金）
明治八年（一八七五）七月二十五日（日）
明治九年（一八七六）八月十四日（月）
明治十年（一八七七）八月四日（土）

このうち明治八年だけは、旧暦六月二十三日に当たります。天神祭を日曜日にしたいとの意図だったのでしょう。それにしても、旧暦を新暦にカウントしなおすと年によってかなりの幅が生じてしまいます。

このことは、各地の寺社や行政・地域における年中行事の日程に大きな影響を与えました。

結果、改暦への対策としては、①毎年、旧暦を新暦に読み替えた日とする、②計算しやすく一ヵ月遅らせた日とする、③日ではなく（九月第一日曜のように）曜日を固定する、などの試行錯誤が行われました。天神祭の場合は、五ヵ年の模索を経て、明治十一年から②の方法により、七月二十五日の祭日となり、現代に至っています。

2 ❖ 大将軍社の祭日と天満三池

天満三池

天神祭の「六月二十五日」について考察した流れで、大将軍社の祭日についても推測しておきましょう。とはいっても、それを直接に裏付ける史料はないのですが、私は大将軍の神が「太白星（金星）の精」であることを踏まえて、その祭日は星祭の七月七日ではなかったかと考えています。

その傍証として、天満三池を紹介しておきます。天満三池とは、大阪天満宮の北方にあった「明星池」「七夕池」「星合池」の総称で、三池ともに星にちなんだ名で、このあたりが星辰信仰の強い地であったことを匂わせています。

承徳二年（一〇九八）と伝えられる「浪速古図」には、天満三池とともに「天満山」が描かれ

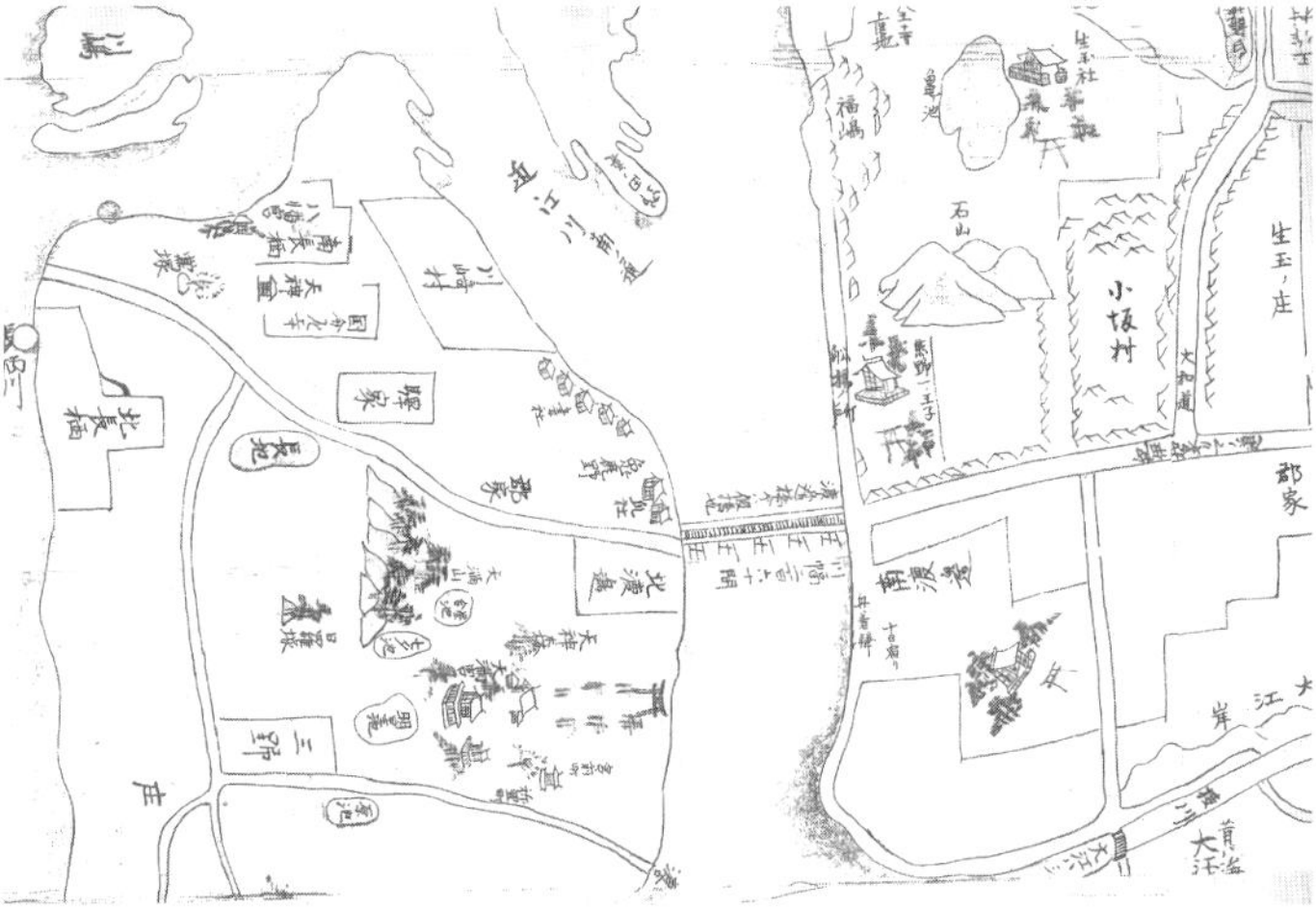

「浪速古図」（部分）に描かれた天満三池
大阪天満宮の北方（この絵では左側）に「明星池」「七夕池」「星合池」があった。三池ともに星にちなんだ名で、このあたりが星辰信仰の強い地であったことがうかがえる。

ています。古い時代には、星辰（日・月・星・星座）を見上げるのではなく、池や川に映して祈り楽しむ文化がありました。
　余談ですが、私が子どものころも、お月見といえば、縁側に黒い漆塗りの丸いお盆を置き、そこに映る月を室内から愛でたものです。それはともかく、この図も、いまはなき天満山から三池に映る星辰を崇拝した地であったことを匂わせています。

明星池の伝承

「明星池」の名は、いうまでもなく大将軍神が太白星（金星＝明星）の精とされたことによります。大正十一年（一九二二）の『大阪府全志』には「明星池の址は紅梅町の大鏡寺前にあり」と記されていますが、正確にはその東隣の超泉寺の前にありました。この両寺は、江戸時代の天満東寺町に連なっていましたから、天満宮の北方約四〇〇メートルに位置します（戦後に、超泉寺は寝屋川市に、大鏡寺は吹田市に移転しました）。

明星池には、次のような興味深い伝承があります（『摂津名所図会』）。

菅神、初めて鎮座の地なり。むかし、この所に霊松ありて、菅公、明星とあらわれ、その梢に降り、この池水に映りたまう也とぞ。

「菅神」とは、いうまでもなく天満天神です。明星池のほとりの霊松の梢に、菅公（菅原道真）が明星となって降臨し池面に映ったという。「初めて鎮座の地なり」とあるのは、大将軍社が明星池の畔に創祀されたことを指します。大将軍社が明星池の畔に鎮座したことは正しいのですが、そこに天満天神を祀ったというのは、先に紹介した「七本松伝承」の内容と大きく矛盾します。

「七本松伝承」では、大将軍社の前に七本の松が生えて大阪天満宮が創祀されたと言っていました。大阪天満宮が創建された場所は、大将軍社・明星池より南方の大川河口付近です。どうして、このような齟齬が生まれたのか。そのあたりを少し整理しておきましょう。

天満三池から大川河口あたりまで大きな松林が広がっていました。その北部の「北森」に明星池・大将軍社があり、南部の「南森」に天満天神がありました。しかし、江戸前期の大坂夏の陣において、天満宮はしばらく吹田村への避難を余儀なくされ、その後に天満宮が南森の旧地に還ったときには、北森との間に人家が建ち並び別空間になっていました。そこで、寛文年間（一六六一～一六七三）に、北森に取り残されていた大将軍社を、南森の天満宮境内に遷し、現在に至っています。

天満宮の吹田遷座の一時期に、右に紹介した明星池の伝承が作られ、大将軍社に天神が祀られているとする辻褄合わせが行われたようです。このような辻褄合わせが可能だったのは、周辺住民のあいだで、大将軍社と天満宮を一体の信仰空間と捉える風土があったからです。

星合池・七夕池

「星合」とは、七夕の夜に、牽牛星《ひこぼし》と織女星《おりひめぼし》が出会うことを言い、「星合いの空」といえば七夕の夜の空を指しますから、「星合池」は「七夕池」と同意の池名です。

星合池は、もともとは明星池と天満宮の中間あたりにありましたが、埋まってしまってからは、大阪天満宮境内の俗称「亀の池」にその名を仮託して、現在に至っています。

七夕池は大阪天満宮から北方二〇〇メートルにある大阪市立堀川小学校の敷地内に痕跡が残

っています。その池畔には、いつのころからか「七夕神社」が祀られていましたが、明治四十年（一九〇七）に中之島の豊国《ほうこく》神社（現在は大阪城公園内）の境内に祀る白玉神社に合祀されました。

　現在、七夕といえば七月七日の夜の牽牛星と織女星の出会いを思い浮かべますが、これは中国の古伝説の影響です。本来のわが国固有の七夕の習俗は、七月七日の夜に、村人から選ばれた「棚機《たなばた》つ女《め》」が、人里離れた水辺の機屋に籠もり、そこに神を迎え、翌日、神が帰るのを送るに際して、村人は禊《みそぎ》を行い、あるいは送り神に託して穢れを持ち去ってもらう「穢れ祓い」の行事でした。いまでも、地域によっては、七夕の夜に形代（紙の人形《ひとかた》）を川に流してケガレ祓いをする習俗が残っています。

　ですから、七夕は正暦の御霊会の二基の御輿や、鉾流神事で流される神鉾とも響き合う習俗です。鉾流神事では、御旅所の仮設地を卜定するために神鉾を流すとされますが、当初の目的は、穢れを川に流す（難波の海に放出する）神事だったのでしょう。

　このように、大将軍社の立地は、長柄豊碕宮の西

七夕池旧趾
大阪市立堀川小学校の敷地内にいまも痕跡が残っている。

北というだけではなく、七夕の夜に星辰崇拝が行われたことに深くかかわっていました。ここから大将軍社の祭日は七月七日であり、創祀当初の大阪天満宮の祭日としても共有されていた可能性があります。

のち、大阪天満宮の祭日は「六月二十五日」に変わりますが、この変更はなかなか周辺民に周知されなかったようです。このことについては、興味深い童歌がありますので、次の「コラム③」で紹介しましょう。

補注：大阪天満宮文化研究所に所蔵する藤里好古編「大阪天満宮年表稿本」には、室町後期の公家・中原康富の日記『康富卿記』の宝徳元年（一四九九）七月七日条にみえる「川崎之鎮守天神之祭也」をもって、「天神祭の初見」としています。私もそれを踏襲して、いくつかの拙文に引用したのですが、その後、竹居明男「京都『河崎天神』小考」（『文化史学』第67号、二〇一一年）において、この「川崎之鎮守」は、平安京の鴨川西岸にあった「川崎惣社」のことだと論証されました。謹んで訂正いたします。

コラム③

お尻まくり流行った

江戸時代の大坂の子どもたちは、毎月の二十五日には「今日《けふ》は二十五日、お尻《いど》まくり流行った」

と囃しながら、互いの着物の裾をまくり挙げて、遊び戯れたと言います。その由来については、寛政十二年（一八〇〇）の『浪花の梅』や文化五年（一八〇八）の『摂陽落穂集』が、もともとは「流行った」ではなく「御法度」だったと説いています。以下に『摂陽落穂集』の説明を引きます。

天満天神祭の事

童《わらんべ》の戯れに、「尻まくり御法度、今日は二十五日」と言える事あり。いかなる故とか思いしが、古翁の謂《い》えらく（言うことには）、西成郡南中島、未だ町家とならざる頃、大将軍の社へ菅神の鎮座まします。この儀は世人のよく知る処なれば、ここに略す。例年六月二十五日に菅神の祭礼を行われるに、元大将軍を産土神と仰ぎ奉れば、菅神の祭礼二十五日を失念すること度々なり。それ故、村長《むらおさ》この日に農作に出る人を止め、神事に詣でさせんとて、「尻まくり御法度、今日は二十五日」と唄わしければ、農人等フト心付き、尻からげして野に出る事を止め、菅神を祭りし

二十五日のお尻まくり
寛政12年（1800）の『浪花の梅』より。上の狂歌は「名にめでて　聞きたるままの　尻まくり　ものしりかほに　書くもおかしや」。

とぞ。

古い時代には、大阪天満宮近辺の人々は、大将軍社を産土神として崇敬しており、ややもすると六月二十五日の天神祭を失念して、農作業に出かけてしまうことがあったという。そこで村の長《おさ》が、天神祭の日を忘れないように、六月二十五日は、尻からげして野に出ることは「御法度（禁制）」だと唄わせたのだという説明です（『浪花の梅』は、六月だけではなく、毎月二十五日の縁日を気づかせるためだったと言います）。

これは、大将軍社および創祀期の大阪天満宮の祭日が七月七日だったものが、いつのころかに六月二十五日に変わったことによる失念のようです。もし、当初から一貫して天満宮の祭日が六月二十五日だったとしたら、このような遊び歌が生まれるわけもないのですから。

なお、この遊び歌のその後については、牧村史陽が「明治末年頃まではやっていた」と言っていますが（『大阪ことば事典』講談社学術文庫、一九八四年）、作家の田辺聖子の体験談では、昭和初年頃にも、子どもたちは「〽おいどまくり　はやった……」といいながら、スカートまくりをしていたそうです（『大阪弁おもしろ草子』講談社現代新書、一九八四年）。着物から洋服になった後も、子どもたちは意味不明のままに大阪天満宮の祭日に隠された由来を歌い続けていたのですね。

第四章
江戸時代以降の大阪天満宮と天神祭

1 ❖ 大坂の陣と吹田遷座

関ヶ原の合戦から十四年後の慶長十九年（一六一四）十月に大坂冬の陣の火蓋が切って落とされると、かつての一向一揆の残党である北中島、南中島（現、大阪市北部）の農民たちは豊臣氏に味方して蜂起し、城の西北部で激戦となります。このとき、大阪天満宮の神主・社家たちも中島一揆に同調して大坂城に駆け付けました。

天満宮の神主・社家が、先の大坂本願寺合戦において本願寺方に付き、大坂冬の陣でも大坂城に味方したことは、それまでの本願寺や秀吉と交流があったことも影響したのでしょうか。本願寺とは、先に見た通り門主が天満宮を参詣したり、食籠を贈ったりしていましたし、秀吉とは大村由己を通じてつながっていました。

徳川方の武将・有馬豊氏は、摂津吹田村（大阪府吹田市）に陣を構えて大坂城攻撃に備える一

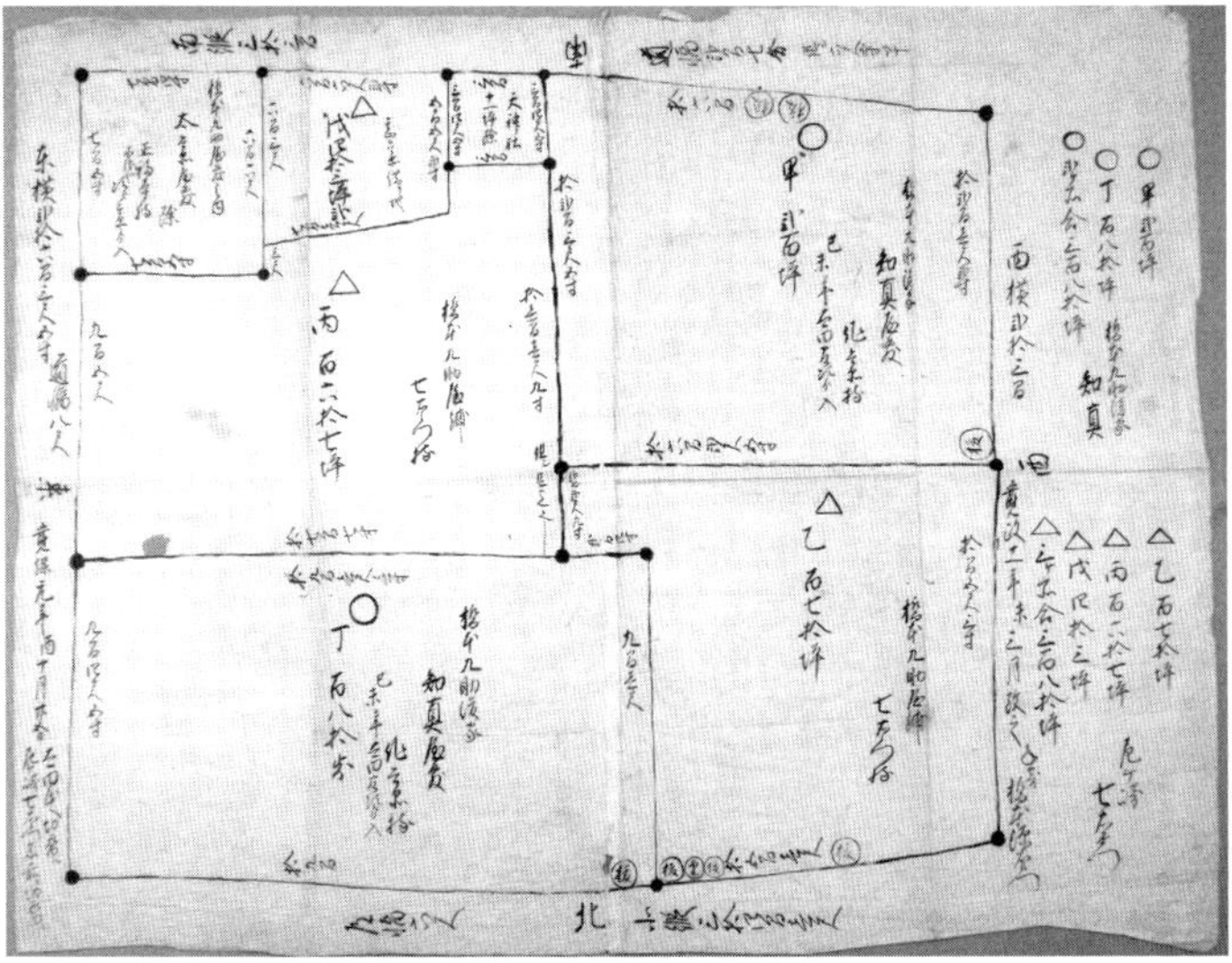

上：「天神境内」碑

天満天神社の神輿の避難先が吹田村の有力者橋本清太夫屋敷になったことを記念して、文化元年（1804）に碑が建てられた。

下：橋本家敷地図

上部中央あたり「天神社」の文字のところに祠があった。南北三間四尺五寸、東西三間、十一坪の除地と記されている。（個人蔵、吹田市立博物館提供）

方、地元の橋本清太夫と、子の太郎左衛門・九介らに一揆勢の懐柔を謀らせています。結果、中島の農民たちは、大阪天満宮の神主・社家らとともに、大坂城から立ち退きました。

翌慶長二十年（元和元年・一六一五）四月に大坂夏の陣が始まると、今回は中島一帯の農民は大坂城には籠らず、吹田方面へ避難し、天満宮も橋本氏との縁を頼って、「社中家内老若男女」残らず橋本邸（吹田市南高浜町）に避難し、ご神体は橋本邸の庭の祠に祀られることになります。この年から数年後に天満に還座するまでの天神祭は、避難中の神主・社家によって橋本邸の祠で神事だけが行われていたのです。

ちなみに、ご神体が天満に戻った後も、橋本邸は「天神屋敷」と呼び伝えられ、文化元年（一八〇四）にはその門前に「天神境内」の碑が建てられました（のち橋本家が吹田から転出した後は、同碑は旧橋本邸近くの正福寺内に移されています）。

2 ❖ 天満への還座と境内の復興

大坂の陣が終わると、徳川家康の外孫である松平忠明《ただあきら》が大坂藩十万石の藩主として市街地の復興に当たり、天満宮の旧境内地もその施政下におかれました。元和五年（一六一九）、忠明が大和郡山に移封されると、大坂は幕府の直轄地となり、大坂城に大坂城代が赴任します。

その翌元和六年四月には、天満宮は旧境内地に建てられていた丹羽長重の「御蔵屋敷」を借用し、元和七年六月には木屋惣右衛門の屋敷を購入しています。これを機に、天満宮は旧地に本殿を仮設し、ご神体を還座させたようです。

しかし、かつての境内地全体の回復と、社殿の再建は困難を極め、寛永十一年（一六三四）頃には、復興を幕府に願い出ますが効なく、寛永十八年（一六四一）には、自力で旧境内地にあたる旧松平忠明邸を入手することになります。正保四年（一六四七）には、しばらく空席だった連歌所の宗匠に西山宗因を迎え、月次連歌も復活したことは先に紹介した通りです。

このころには天神祭もかなり盛大になっていたのですが、その様子を見る前に、この後の境内復興の様子を見通しておきましょう。寛文五年（一六六五）には、天満宮は幕府に対し再度の社殿造営を嘆願しています。その文面には、以前には「本社並びに末社・楼門・廻廊・御神楽所・宝蔵・御会所・御供所・参籠屋・御神事所、その外、数ヵ所」の建物があったのに、現在は「本社ばかり仮殿」しかないと言うのです。すでに連歌所が再建されているはずなので、まだまだ復興が不十分であることを強調するレトリックなのかもしれません。

寛文十二年（一六七二）十月、天満宮は以前から借用中の丹羽氏屋敷の契約を継続しますが、宝永三年（一七〇六）には、丹羽氏から同屋敷を寄進されています。二本松藩藩主であった丹羽秀延が疱瘡にかかり、天満宮に平癒を立願成就したことへのお礼の寄進でした。江戸時代に、天満宮が学問の神として周知されるようになって以降も、疫病退散の神としての神徳も周知されていました。

3❖大坂町奉行による地車の規制

こうした天満宮の復興の動きのなか、天神祭のにぎわいをうかがわせる史料もボツボツ現れます。先述の寛文五年（一六六五）の天満宮の幕府宛て嘆願書には、「（天神祭には）御公儀より与力衆・同心衆、御警固にお出しなされ」とありました。はるか後年の史料ですが、文化五年（一八〇八）の大坂町奉行所寺社方の職務内容をまとめた「寺社方役儀勤書」にも、次の一文がみえます。

六月二十五日、天満宮祭礼の節は、両御組より私ども二人ずつ罷り出で《い》、一組は川筋、一組は社近辺へ罷り出で申し候

東町と西町の奉行所から、船渡御には警固の船を出し、天満宮周辺における地車《だんじり》の曳行などの監視にも努めています。町奉行所も捨て置けないにぎわいだったということです。

慶安二年（一六四九）六月十七日には、町奉行が「練物」を規制する御触れを天満町中に下しました。「練物」とは、広義には祭礼に練り歩く集団全般を指しますが、ここでは、天神祭の地車とその曳き手たちの行列をいいます。この御触れは、天満宮神主・滋岡家の文書（「阪大滋岡家文書」大阪大学所蔵）と、江戸後期の浜松歌国の随筆『摂陽奇観』（天保四年〈一八三三〉刊）に載っています。両史料には少しの違いが見られますが、ここでは双方を突き合わせて意訳しておきます。

天神祭礼に惣町中より出す練物（地車）は、渡りの次第（順序）を社人が申し渡しているが、それを承引せずに前後を争い行列が猥《みだ》れるので、当年から次第を定める。

一、一番　地下町・二番　宮の前町・三番　御旅所町、この三ヵ町の順は先年から定まっているので、今後もその通りとする。

一、右の三ヵ町のほかの惣町中より出す練物は、一組から二、三人ずつ当月二十一日に天神へ出て、社人立ち合いのもとに、帳面の次第に異議のないように練物を渡さねばならない。

一、練物が通っているうちは、横町から出て来るものは通してはならない。もし、通らねばならない事情があるなら吟味の上で通すこと。もちろん、渡る練物は脇道より出てはい

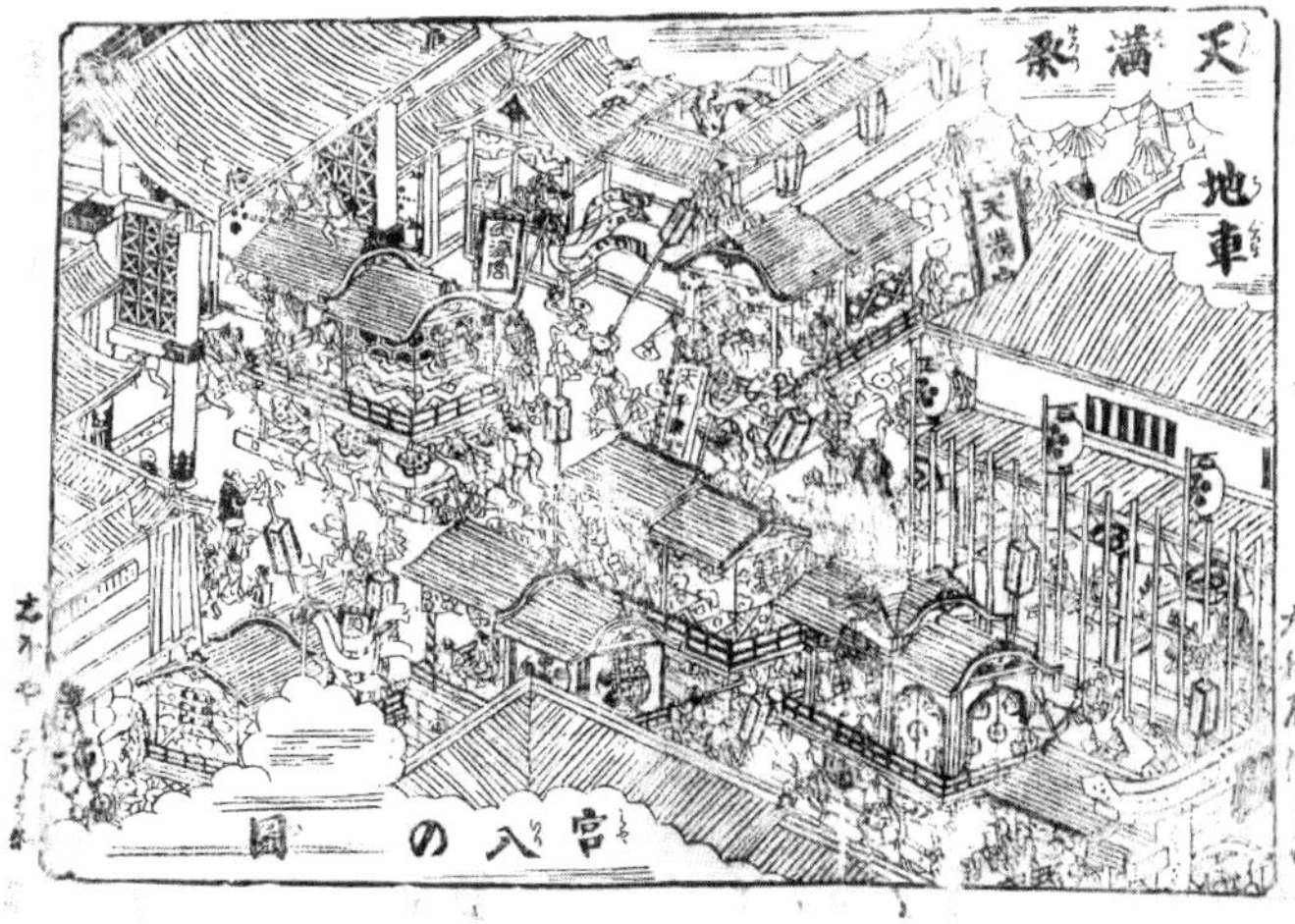

『保古帖』より「天満祭地車宮入の図」
天神祭で多くの地車が曳き廻される様子。（大阪府立中之島図書館蔵）

けない。

一、祭礼に鉄砲を打つ必要はない。火事になる恐れもあるので、打つことは禁止する。

一、警護の者の下知（指示）に背く猥らな輩《やから》があれば、本人はいうまでもなく、その町中の曲事（違法行為）となるので、町中で念を入れなければならない。

六月十七日

隼人
丹波

差出の「隼人・丹波」は、東町奉行の松平重次と、西町奉行の曾我古祐《ひさすけ》のこと。第一条で、各町が出す地車の宮入順は、一番目と二番目は天満宮の地元である地下町と宮之前町、三番目は御旅所の町と定め、第二条では、三ヵ町以外の地車については、天満宮の社人が立ち合いの上で（籤引きで）曳行順を決め、その順を記した帳面の通りに遵守することを定めています。第三条は、曳行の順路の遵守、第四ヵ条は鉄砲を打つことの禁止、第五ヵ条は、（町奉行所の）警護の者の指示に従うことを周知することの定めです。

地車の曳行順を籤引きで決めねばならないほど、多くの地車が曳き廻されたことが推測できる史料です。しかし、それらの地車はすべてが町の所有するものではなく、祭礼時にだけ借り受けて曳き廻す地車も少なくありません。町所属の地車なら籤も引かずに曳き出すことはなかったはずですが、お祭り騒ぎに便乗した賃貸地車の曳き廻しの規制は、町奉行所にとっても天満宮にとっても頭の痛い問題でした。

天神祭に曳き廻された地車の台数については、「天満宮御祭礼地車番付」などの史料によって、享保十四年（一七二九）から元治元年（一八六四）まで百三十六年間に曳かれた毎年の地車の台数とその町名がわかっています。最も多かったのは安永九年（一七八〇）で、なんと七十一台も曳き廻されました。反対に少なかった年はといえば、一台も曳かれなかった年がこの間に八年も確認できます。平均すると毎年二十一台余が曳かれた計算です。

なお、右の第四条の「鉄砲」云々は、町なかで鉄砲を打つ者がいることに（たとえ空砲であっても）驚きますが、正徳元年（一七一一）五月に幕府が発布し、町中の高札に掲げた「定」にも

「鉄砲猥《みだ》りに打つべからず」の条文がありますので、天神祭だけの悪ふざけではありません。

4 ❖ 鉾流神事の中止と御旅所の常設

鉾流神事の推移

右のような復興途上に、天神祭の歴史を大きく変える動きがありました。それは、御旅所を年ごとに仮設してきたのを止め、御旅所を常設したことです。それに伴い、毎年の御旅所の仮設地を卜定してきた鉾流神事は廃止されました。結果的には、このことが天神祭を大きく発展させることになるのですが、その事情をさぐる前に、創祀以来の鉾流神事の変遷を振り返っておきましょう。

「天満天神」が創祀された当初の鉾流神事は、周辺のケガレを神鉾に込めて大海に流し出すものでした。その後、大阪湾岸の陸地化が進み、大川の河口は天満宮の地先から遠ざかります。すると、神鉾は大海に流れ出る前に大川下流の岸に漂着することが多くなります。それを受けて、鉾流神事は、御旅所の仮設地を卜定する役割を担うことになり、天神祭の幕開けを告げる意味合いを持ちました。

神鉾の漂着地は、当然ながら年によって異なるはずですが、実際には、地形や流れの関係で、大川右岸の福島村あたりに漂着することが多かったようです。大川の中州である中之島の史料上の初見は、江戸初期の慶長十九年（一六一四）十一月のことですが、すでに戦国時代には形成されており、大川は中之島によって堂島川と土佐堀川に分流することになりますが、その後も、神鉾は中之島北側の堂島川を流れ、福島あたりへ漂着しました。

摂津の地誌『摂陽群談』（一七〇一年）の大阪天満宮の項には、「福島村において神供料を集めて神殿に捧《ささ》ぐ。号《なづけ》て水銭と云えるも、鉾を流すの縁也《もとい》」とみえるように、福島村あたりは大阪天満宮と深い関係を持っていました。

また、『摂陽群談』の福島天満宮（現、大阪市福島区福島）の項には、「この所、天満天神祭事、往昔鉾を流したるの川岸なり」とあります。同宮の辺りは神鉾がしばしば漂着する地であり、幾度も御旅所が仮設されたことを言っています。その由来から、この川岸に「上の天神・中の天神・下の天神」の三社が鎮座しています。上の天神は現在の福島天満宮のこと、下の天神は現在の天神社（下福島天神社とも。福島区玉川）のことですが、中の天神は、いまは福島天満宮に合祀されています。このような由来から、のちに鷺島《さぎしま》（雑喉場《ざこば》）、続いて戎島《えびすじま》に御旅所が常設されると、そこへ向かう船渡御の船列は、この三天神社の前を通航するときには、陣太鼓の鳴りを静めて「神楽、奉幣、神拝」したといいます。

雑喉場御旅所と鉾流神事の廃止

しかし、大坂の市街地の拡大に伴って、堂島川下流の川岸にも人家が立ち並ぶようになると、神鉾の漂着した地に御旅所の仮設地を確保することが難しくなってきます。そこで天満宮は、

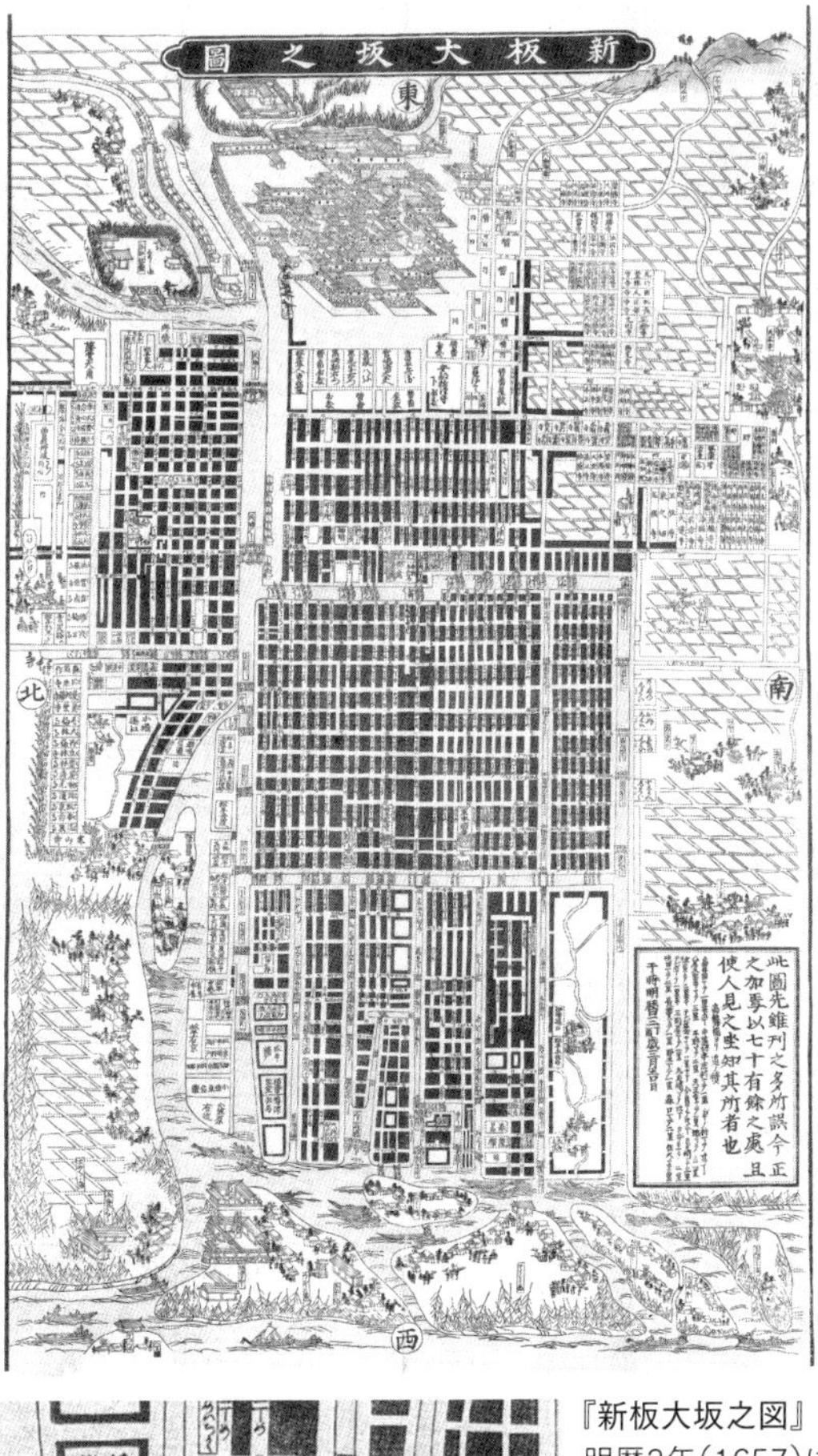

『新板大坂之図』明暦3年（1657）に刊行された地図。下はその部分を拡大したもので「天神おたひ（御旅）」の文字が見える。（大阪市立図書館蔵）

京町堀川に面した鷺島（現、京町堀三丁目）に土地を確保し、常設の御旅所を設けました。明暦三年（一六五七）の「新板大坂之図」に「天神おたひ《（御旅）》」と記されていますから、このころに常設されたようです。

　鷺島に御旅所ができると、神鉾を流して御旅所の地を卜定する必要がなくなり、平安時代から続く伝統行事「鉾流神事」の廃止という大英断が下されましたが、昭和五年（一九三〇）に再開されました。廃止の決断は、御旅所の仮設地を確保できなくなったことによる止むを得ない判断でしたが、結果的には、天神祭を飛躍的に発展させる契機となります。そのことについては次節で見ることにし、いまは、その後の御旅所の推移を追っておきましょう。

　御旅所が常設される以前から、上魚屋町（中央区安土町二丁目）の魚市場の商人たちは、毎年三月から十月には鷺島の出店で営業していました（十一月から二月までは上魚屋町の本店で営業）。元和四年（一六一八）に幕府の許可を得て成立した上魚屋町の魚市場でしたが、漁船の出入りに不便な立地だったため、暑い季節には生魚の腐敗がひどく、水陸の交通の便のいい鷺島にも店舗を構えたのです。明暦元年（一六五五）の「大坂三郷町絵図」は、鷺島あたりを「さこば《（雑喉場）》」と記していますから、早くに鷺島には魚市場のイメージが定着していたようです（雑喉＝雑魚）。現在と違って冷蔵設備のない時代に大量の生魚が扱われるのですから、たとえ海辺の鷺島であっても、炎天下の天神祭のころには、辺り一帯に魚の生臭さが漂ったはずです。そのことがご神霊

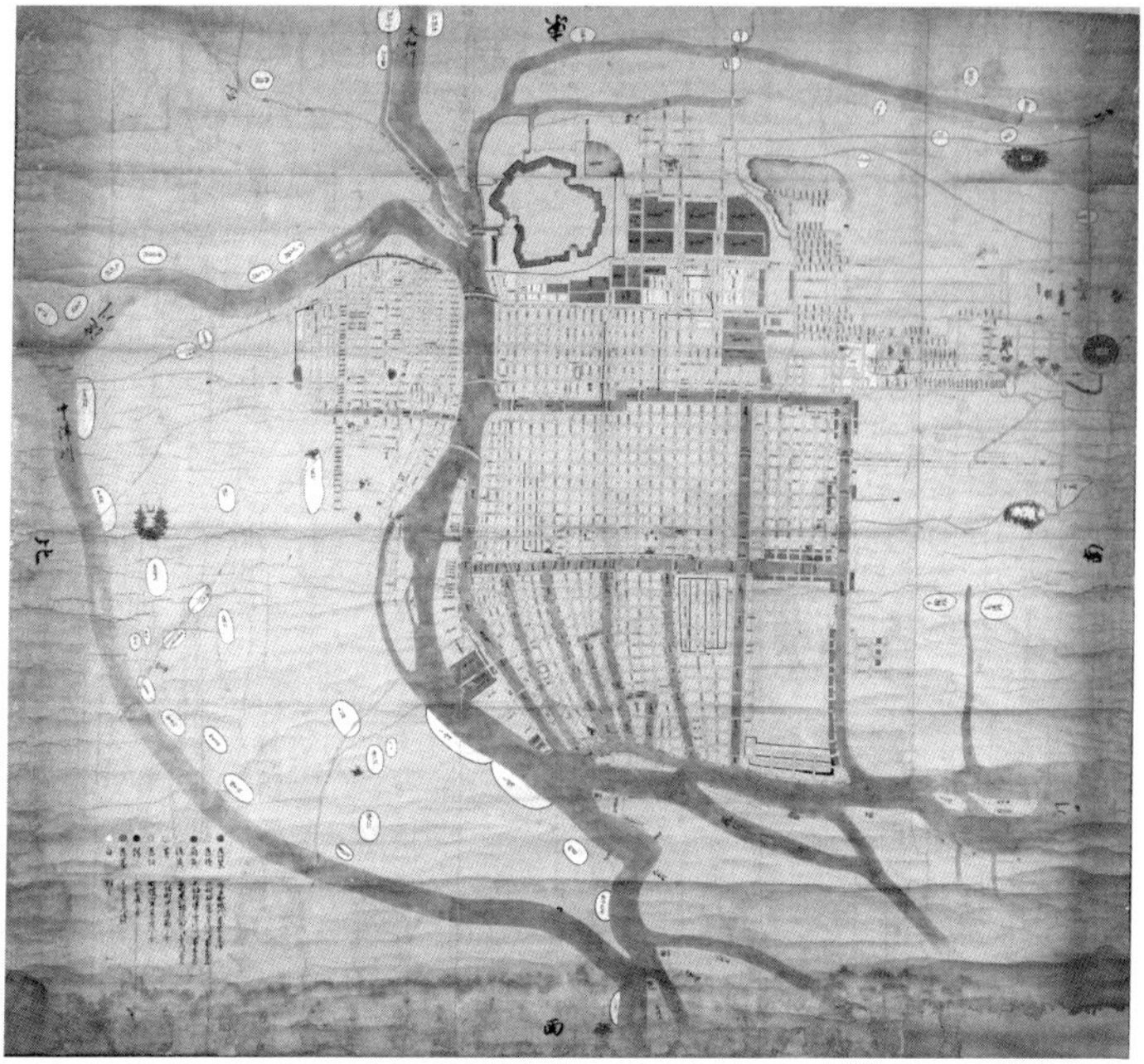

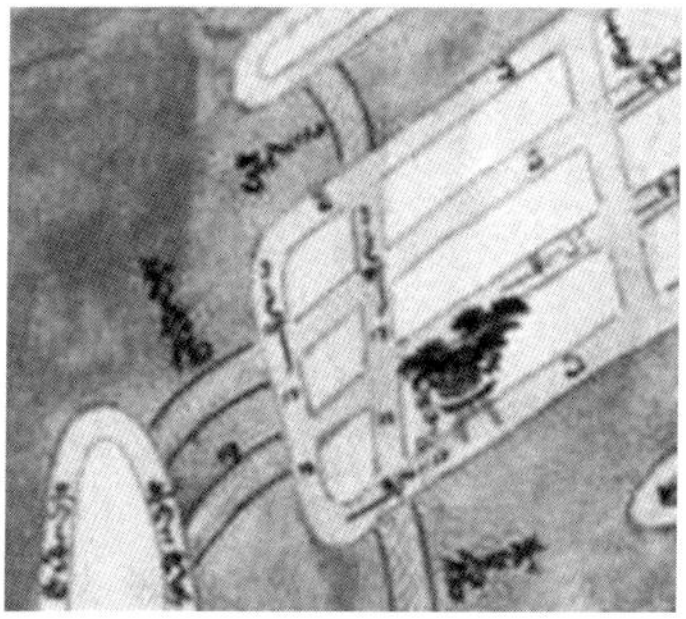

大坂三郷町絵図
下は部分拡大して90度時計まわりに回転したもの。京町堀川に面して御旅所の鳥居が描かれ、周辺の路上に「さこば(雑喉場)」の文字が散見できる。(大阪歴史博物館蔵)

『浪花百景』の「戎島御旅所」（大阪府立中之島図書館蔵）

の渡御先としてはふさわしくないと判断されたのでしょうか。寛文八年（一六六八）に、雑喉場の御旅所は西方の木津川右岸の戎島町に遷されます。

ちなみに、御旅所が去った後の雑喉場には、延宝七年（一六七九）には、上魚屋町の生魚問屋十一軒のうち六軒が本店を移し、さらに天和二年（一六八二）には残りの五軒も雑喉場に移転し、上魚屋町に代わって雑喉場魚市場が発展していきます。

戎島御旅所から松島御旅所への移転

その後、江戸時代を通じて戎島御旅所が存続しましたが、幕末の慶応四年（一八六八）に、大阪の開港に伴って、御旅所に隣接する地に「川口外国人居留地」が設けられ、「戎島」の地名は

「梅本町」に改められました。古来中国の中華思想では、周辺四方の異民族を「東夷《とうい》・西戎《せいじゅう》・南蛮《なんばん》・北狄《ほくてき》」の呼称で卑しみましたが、「戎島」もこれに該当するとして、居留地の外国人に忖度しての改称でした。ちなみに、このとき、「新戎町」（現、西区南堀江四丁目）も「新恵《しんえ》町」に改められ、道頓堀に架かる「戎橋」も、一時期ですが「永成橋」と改称されています。

川口に外国人が住み始めると、「梅本御旅所」周辺にも外国人が経営する店も開かれるようになり、明治四年（一八七一）には居留地の南に「自由亭ホテル」が開業します。このホテルは西洋料理店も兼ねていましたので、店先には牛肉が吊るされました。いうまでもなく、牛は天神の使獣ですから、御旅所としては看過できない事態です。

千代崎御旅所

そこで天満宮は、同年の四月と八月に大阪府に対して梅本町から南方の松島遊郭（現、大阪市西区千代崎）南端の花園町にある空地に御旅所を移したいと願い出ています。表向きは、梅本御旅所の破損を理由としていましたが、真の理由は御旅所に不向きな環境変化に違いない。こうして移った松島御旅所は、現在も千代崎御旅所の名で存続しています。

補注：「東夷・西戎・南蛮・北狄」は、本来は中国から見た四方を言い、日本のことも、史書『魏志』「東夷伝倭人条」に記しています。日本はこの思想を採り込み、古代には「蝦夷」を征討する将軍を「征夷大将軍」、戦国期には南洋諸島を経由して来るポルトガル・スペイン人を「南蛮人」と呼びました。

5 ❖ 御迎え船と御迎え人形の登場

船渡御と御迎え船

年ごとに御旅所の場所が変わった時代には、たびたびの漂着地であった福島を除けば、御旅所周辺の住民たちは神霊の渡御にそれほどの関心を示しませんでした。ところが、鷺島（雑喉場）に御旅所が常設されると、その地元民は、毎年の六月二十五日には必ず自分たちの町にご神霊が渡御されることを喜び、次第に氏子意識が高まりました。その氏子意識は、戎島御旅所への移転を通じて、新・旧御旅所周辺の町々にも拡大・浸透していきます。

結果、御旅所周辺の住民たちは、天神祭本宮の日に大川上流から下航してくる船渡御をただ待つのではなく、船渡御をお迎えするための「御迎え船」を仕立て、船渡御が発進する難波橋まで遡航するようになりました。結果、天満宮周辺の氏子たちが奉仕する「船渡御」と、御旅所周辺の氏子たちによる「御迎え船」との二種の船列が航行する天神祭の基本型が出来上がりました。

しかも、御迎え船の登場を待っていたかのように、大坂に元禄文化が花開くと、御迎え船には、元禄文化の粋を尽くした大型の風流人形「御迎え人形」が飾られました。

そもそも、江戸時代における最大の交通手段は船でしたから、神霊が船で渡御する「船渡御」自体は珍しいことではなく、全国各地にみられました。しかし、天神祭では、川の上流と下流から二種の船列が航行するだけではなく、船上に豪華絢爛の風流人形が飾られましたから、これは話題にならないわけがありません。

その情報が全国に広まる一因として、船渡御と御迎え船の両船列が航行する航路の中ほどに、中之島があったことも忘れてはなりません。なぜなら、中之島には全国各藩の蔵屋敷が軒を連ね、そこに本藩から赴任してきた蔵役人が勤務していたからです。彼らは蔵屋敷在任中に、絶好のロケーションで天神祭を楽しみ、任務を終えると郷里で天神祭の華やかさを土産話として披露しました。

御旅所の常設により毎年の御迎え船が生まれ、その後まもなく元禄文化に呼応して御迎え人形が登場したことで、天神祭は盛大に華やかに発展しました。西鶴をして「天満の舟祭りが見ゆるこそ幸いなれ」と書かせたのもむべなるかなです。

補注：江戸時代の大坂は数多くの堀川が縦横に通じた「水の都」でしたから、大阪天満宮以外にも船渡御がみられました。それらのうち、難波八阪神社（大阪市浪速区）では平成十三年（二〇〇一）に二百三十年ぶりに、御霊神社（大阪市中央区）では平成二十三年（二〇一一）に百五十年ぶりに、船渡御を復活しています。

元禄文化と御迎え人形

御旅所が戎島に移転してまもなく、元禄期（一六八八～一七〇三）を迎えると、近松門左衛門や井原西鶴などによる演劇や文芸をはじめ、絵画・工芸や学問などさまざまな分野に元禄文化が花開き、大坂町人たちにとって文楽や歌舞伎などの芝居見物は欠くことのできない娯楽となりました。

そこで、御旅所周辺の町々では、御迎え船を仕立てるだけではなく、当時人気の芝居の登場人物をモデルに「御迎え人形」を作り、御迎え船に飾りました。

江戸後期の弘化三年（一八四六）に出版された『天満宮御神事 御迎船人形図会』（暁鐘成《あかつきかねなる》作、松川半山画）には、当時知られた四十四体が載っていますので、その人形名と、所蔵の町名、人形細工人名を次に掲げておきます（〇印は、現存する人形）。

1	鯛	雑喉場町	大江卯兵衛
〇2	三番叟	富島二丁目	大江宗七

○	3	雀踊	江之子島西之町	柳文三
	4	海士	江之子島東之町	
○	5	安倍保名	安治川二丁目	柳文三
○	6	与勘平	安治川上壱丁目	大江卯兵衛
○	7	酒田公時	江之子島東之町	難波屋周助
○	8	関羽	江之子島東之町	大江忠兵衛
○	9	胡蝶舞	江之子島東之町	柳文三
○	10	鬼若丸	江之子島東之町	大江忠兵衛
○	11	八幡太郎義家	江之子島東之町	大江宗七
	12	御所五郎丸	木津川町	大江卯兵衛
	13	猿田彦	木津川町	大江卯兵衛
○	14	羽柴秀吉	木津川町	大江卯兵衛
	15	神功皇后	木津川町	玉山源二郎
	16	楠正成	木津川町	大江忠兵衛
	17	恵比須	戎島町	大江卯兵衛
	18	加藤清正	九条村町	大江宗七

○	19	猩々	上博労町	大江宗七
○	20	素盞嗚尊	戎島町	柳文三
	21	白楽天	戎島町	大江卯兵衛
○	22	鎮西八郎	木津川町	大江卯兵衛
○	23	佐々木高綱	木津川町	大江忠兵衛
	24	武内宿祢	戎島町	大江卯兵衛
	25	奴照平　実ハ楠正儀	寺島町	大江宗七
	26	野見宿祢	寺島町	瀧原平兵衛
	27	石橋	木津川町	大江宗七
○	28	木津勘助	天満屋敷	笹屋何某
	29	朝比奈三郎	寺島町	長谷川銀長
	30	大職冠鎌足公	寺島町	
	31	葛の葉	寺島町	
	32	張良	寺島町	
○	33	豆蔵	木津川町	
	34	吼噦	上福島	

35　奴妻平　江之子島東之町
36　樊噲　ザコバ町
37　鍾馗　木津川町
38　西王母　木津川町
39　布袋　木津川町
40　源九郎狐　戎島町
41　天神花　江之子島西之町
42　菊慈童　九条村町
43　濡髪長五郎　江之子島東之町
44　瓢駒

右のうち、1〜29は弘化二年（一八四六）の正遷宮に展示された人形で、30〜44は未展示の人形です。一町一体ではなく、複数の人形を所有している町の多いことが注目されます。四十四体のほかにも、「大森彦七」「玉虫」「山姥」などの人形が知られますので、江戸時代を通じて五十体以上の人形が作られたと推測されます。

その後の幕末における動乱や、先の大戦の影響で、現在は十六体を残すだけになりました。その全体が大阪府の有形民俗文化財に指定されています。現存の人形を見ると、高さ二メート

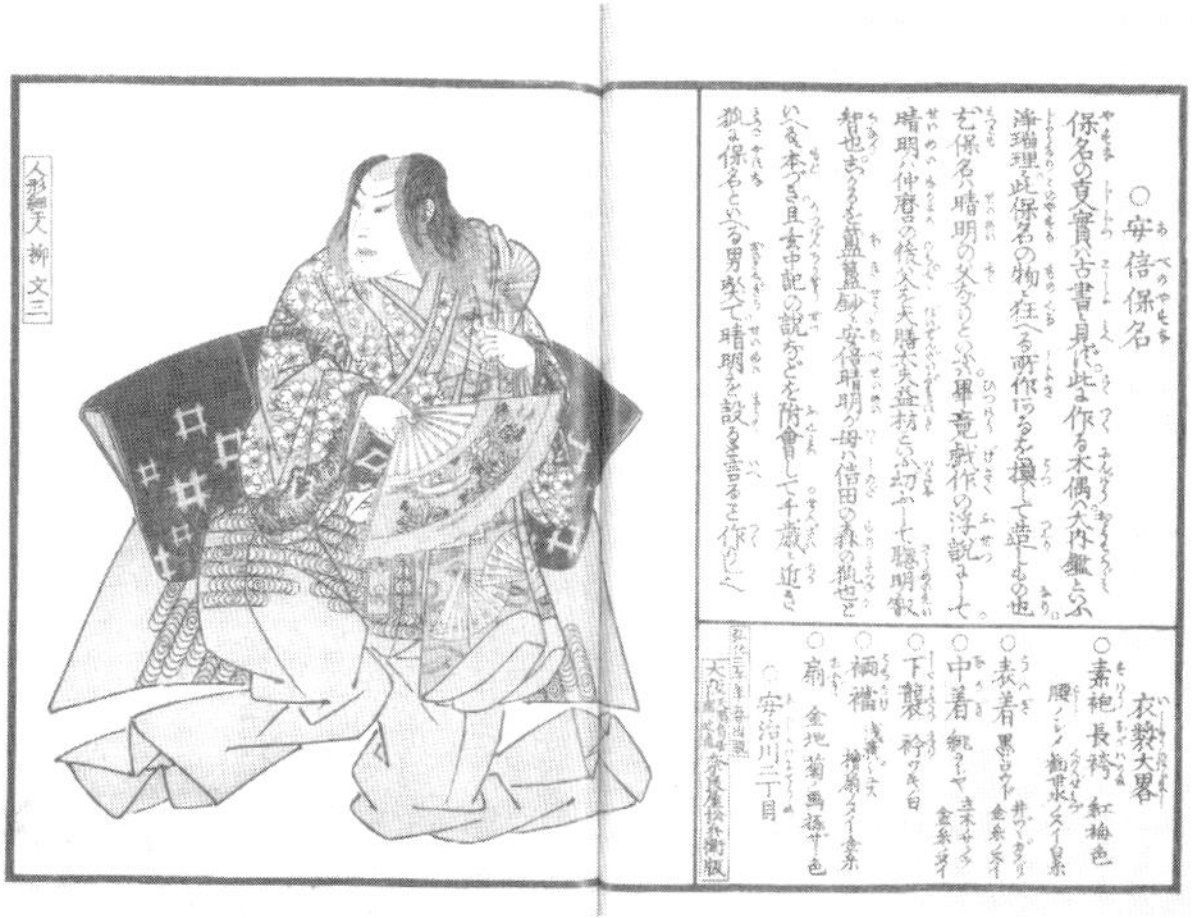

『天満宮御神事　御迎船人形図会』より「安倍保名」
弘化3年(1846)に出版された本書には44体の御迎え人形が色つき絵入りで紹介されている。

ル余の人形が身に着ける衣装には、精緻な刺繡が施され、その豪華さに目を奪われます。現在、忠実なレプリカを造るには一体で一千万円ともいわれる豪華絢爛の人形を、木津川町のように十一体も所有していることに驚かされます。

疫神としての御迎え人形

平安中期に成立した当初の天神信仰が、疫病退散を祈願する信仰として成立し、その神格は江戸時代に至っても受け継がれたことは、繰り返し述べてきました。

江戸時代の人々が最も恐れた疫病は、疱瘡《ほうそう》(天然痘)でした。人々は、疱瘡神は緋色《ひいろ》(赤色)を嫌うと信じ、疱瘡に感染すると、患者や看病人の衣類や病室の調度を赤尽くしにしています。また、疱瘡神と周知されていた「22　鎮西八郎」や「37　鍾馗《しょうき》」などは、その絵を赤一色で刷り（疱瘡絵、赤絵と言います）、疱瘡退散を願って枕屏風などに貼りました。

多版多色刷りの錦絵が広まっていた時代に、疱瘡絵はあえて赤一色刷りでした。その意味では、赤一色刷りの『御迎船人形図会』も、疱瘡絵の一種だったのでしょう（墨一色の版もありますが）。

このような視点で、『御迎船人形図会』に掲げられた人形を見ると、疱瘡に関わるキャラクターの多いことに気づきます。

「22　鎮西八郎」の人形は、芝居『鎮西八郎降魔鏑《ちんぜいはちろうごうまのかぶらや》』や『鎮西八郎誉弓勢《ほまれのゆんぜい》』などの主人公である源為朝（一一三九〜一一七〇）を模しています。実在の為朝が流された八丈島には江戸時代を通じて疱瘡が流行しなかったことから、為朝は強力な疱瘡神と信じられました。

「37　鍾馗」は、中国・唐の玄宗皇帝を伝染病から助けたという伝説があり、赤一色刷りの「赤鍾馗」は疱瘡絵として人気でした。

「19　猩々」の人形は、能『猩々』から採られていますが、伝説の猩々は、全身が赤い長い毛で覆われており、疱瘡神として広まりました。赤い体ということでは、「1　鯛」も、疱瘡神とされ、鯛の疱瘡絵も数多く伝わっています。

近松門左衛門の芝居『日本振袖始《にほんふりそではじめ》』で活躍する「20　素盞嗚尊《すさのおのみこと》」も、疫病神の「牛頭天王《ごずてんのう》」と同一視されていました。近松の『嫗山姥《こもちやまんば》』に登場する「7　酒田公時」が、酒呑童子を討っ

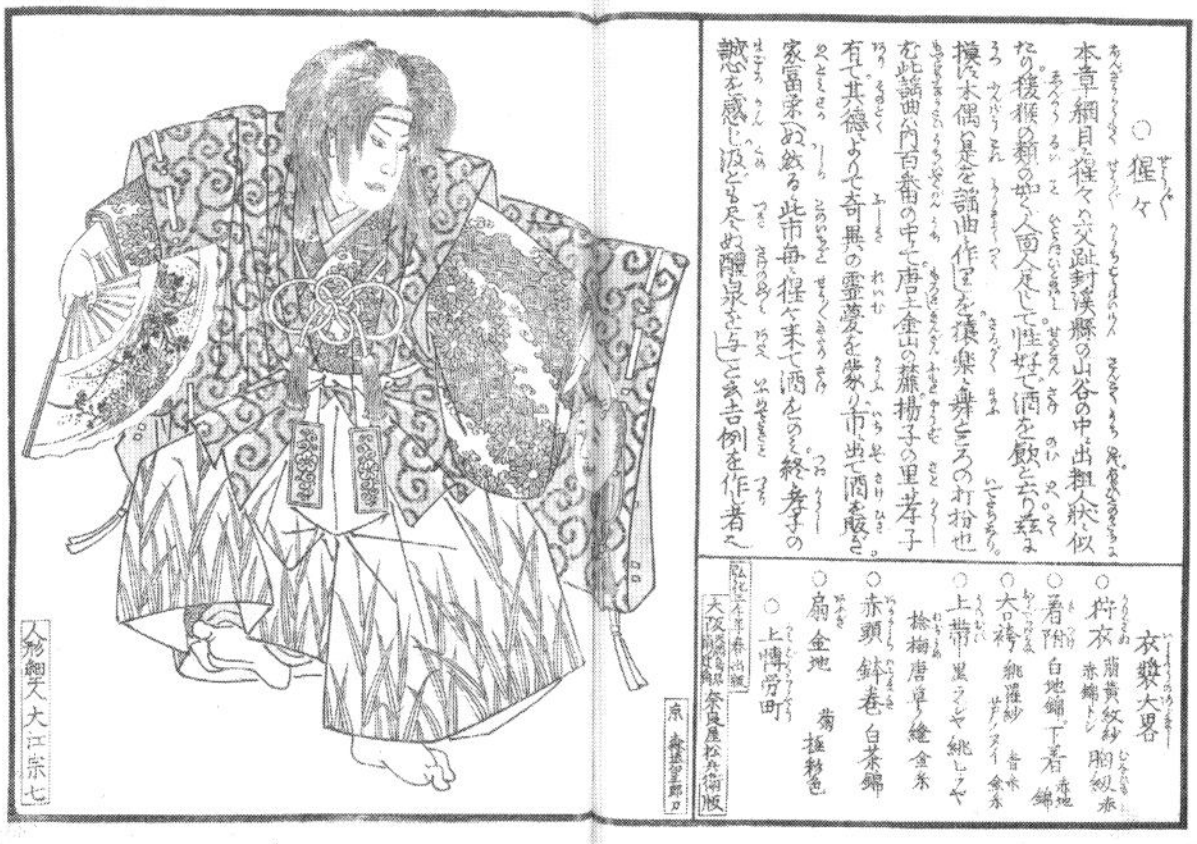

『天満宮御神事　御迎船人形図会』より「猩々」

た頼光四天王の一人だったことは先述の通り。ちなみに、この公時をモデルとした五月人形の金太郎が赤い身体をしているのは、熊と相撲を取っての日焼けではなく、疱瘡神としての緋色を強調するものです。

「14　羽柴秀吉」についても、芝居の『絵本太功記』や『祇園祭礼信仰記』から採られたというだけではなく、朝鮮出兵の影響も指摘しなければなりません。そもそも、疱瘡は西・西北方から伝播すると信じられており、「朝鮮出兵」から「疱瘡退治」への連想が潜みます。朝鮮半島での虎退治で有名な「18　加藤清正」も同じ文脈で理解すべきでしょう。「15　神功皇后」も「三韓征伐」伝承を踏まえて御迎え人形に採られました。

先の『御迎船人形図会』は、人形名・所蔵町名・人形細工人名のほかに、各人形の衣装についても詳しく説明しています。それを読むと、すべての人形の衣装には、必ずどこかに緋色（濃く明るい赤色）が使用されていることに気づきます。たとえば、「海士」は「猩々緋織物《しょうじょうひ》」、「雀踊」の襦袢は「緋羅紗《ひらしゃ》」、「御所五郎丸」の鎧は「緋威《ひおどし》」という具合です。

第二部で紹介するように、御迎え人形は、疱瘡神のキャラクターだけではなく、芝居の登場人物を模したことに人気の秘密がありましたが、それらを疱瘡神に見立てるために、緋色の衣装は欠かせなかったようです。

補注：江戸後期の文政五年（一八二二）、大坂にコレラが流行したとき、少彦名神社（通称、神農さん。大阪市中央区）では、地元の道修町の薬種仲間が疫病除けのために、虎の頭蓋骨を配合して作った丸薬「虎頭殺鬼雄黄圓《ことうさっきうおうえん》」を、「張子の虎」のお守とともに授与し評判となりました。ここにも西方の虎のイメージが潜んでいます。

6 ❖ 江戸前期の天神祭見物

元禄期（一六八八〜一七〇四）の大坂では、演芸や文学・芸術・学問などの元禄文化が花開くと、それに伴って天神祭も華やかな祭礼に発展します。なかでも、六月二十五日本宮の夜に斎行される「船渡御」の船列と、それを迎える「御迎え船」の船列が航行する様子は壮観の大パノラマでした。しかも、「御迎え船」には元禄文化の申し子のような豪華絢爛の「御迎え人形」が飾られていたのですから、全国各地からさまざまな見物客が訪れたのも不思議ではありません。元禄期の天神祭見物の記録を二つ紹介します。

井上通女——帰郷の途次に天神祭

元禄二年（一六八九）、丸亀藩（香川県）の藩士の娘・井上通女《つうじょ》は、江戸藩邸での勤めを終え、大坂を経由して帰郷します。その旅路を記した『帰家日記』の六月二十三日条には、船で天満宮参拝に向かったところ、すでに川面はおびただしい船で一杯だったと驚いています。

目も驚かるゝまで多かる船ども、彼方此方の岸に寄せ並べて繋ぎ置きたる、良きも悪しきも、大きなるも小さきもこゝら集へる中を漕ぎ通る。

宵宮の前日ですが、すでにおびただしい数の船が出ていました。船渡御に供奉する船だけではなく、当時は大川の上下流から気の早い見物の船が寄り集まっていました。通女は天満宮に参拝しますが、境内もまた大にぎわいでした。

いまだ火を灯さぬ灯籠どもこちたきまで懸け並べたり。参る人々男女共に多し。

この日はまだ宵々宮ですから、火は灯されていないのですが、「こちたき（うるさいほど多くの）」数の灯籠にびっくりしています。そして、境内だけではなく、境外も祭一色に染まっていました。

明後日渡るべきよし言いて、屋形車など走らかせて、童・大人ども数多《あまた》曳きい歩く、いと乱《ろう》がわしく、傍らに避けて是を見つゝ、元の舟に乗る。

「屋形車」は地車のこと、「乱がわし」は「騒々しい」という感じでしょうか。通女はあまりのにぎわいぶりに、船上からの見物に切り替え、船上からその光景を眺めています。

童のさかしき太鼓打つ、いと速き拍子にのりて、さまざまに物狂わしきまで、踊り騒ぐを、大人など居て囃し興ずるなり。

宵々宮でさえ、子どもたちが「さかしき（しっかりと）」太鼓を打ちながら、「物狂わしき（異常に興奮した)」状態で踊り騒いでいました。本宮ではさぞやと期待したでしょうが、残念ながら、帰郷途中の通女は、翌二十四日の宵宮には大坂を発っています。きっと心残りだったでしょう。

大石主税——討ち入り前年に天神祭

赤穂藩家老・大石内蔵助《くらのすけ》の妻・りくと、息子・主税《ちから》も天神祭を見物しています。ときは元禄十四年(一七〇一)三月十四日、江戸城・松の廊下において浅野内匠頭《たくみのかみ》が吉良上野介《きらこうずけのすけ》に刃傷してから三ヵ月後の六月二十五日のことです。のちに龍野藩の藩儒になる藤江熊陽《ふじえゆうよう》が天神祭を見物していたところ、偶然にも、りくと主税に出会っています。三人が堂島川に同舟して船渡御を楽しんだことを熊陽が書き残しています(『答客問』)。

ちなみに、熊陽は主税より五歳年長の幼なじみで、主税に儒学を教える仲でした。りくと主税は五月十一日に赤穂を立って大坂に向かい、遅れてやってくる内蔵助を待つ間の祭礼見物でした。浅野家改易に伴う藩の残務整理を終えた内蔵助は、六月二十五日に赤穂を立ち、大坂で妻子と合流した後、山科に隠棲することになります。

翌年十二月十四日には、大石内蔵助・主税らは吉良邸に討ち入りますから、そんな状況の中でよくも祭礼見物に出かけられたものだという声が聞こえてきそうですが、これについて作家の隆慶一郎は、討ち入り後には自由に祭り見物も出来なくなるだろうと考えた内蔵助の妻への思いやりだったと推測しています（『時代小説の愉しみ』講談社文庫、一九九四年）。

7❖「妙知焼け」と「講」の結成

天神祭の中心は、いうまでもなく神事ですが、祭礼としてのにぎわいは、氏子や崇敬者たちによる陸渡御や船渡御と、それを見物する群衆によって生まれます。天神祭のような巨大な祭礼は、①神職による「神事」と、②氏子たちによる「神賑《しんしん》行事」、③見物客による「観光行事」からなる三重構造をもっています。この三重構造については、第二部で詳しくお話しすることにして、ここでは②の神賑行事を支える氏子たちの組織「講」についてみておきます。

大阪天満宮の「講」がいつ始まったのかは不明ですが、享保元年（一七一六）以来の江戸幕府の「享保の改革」と、そのさなかに大坂を見舞った「享保の大火（妙知焼け）」が、「講」の結成を促したことは間違いありません。

幕府は「享保の改革」の一環として、享保六年（一七二一）に株仲間を公認しました。株仲間の独占権を認める代わりに、冥加金などの上納を義務付けたのです。その三年後の享保九年（一七二四）三月二十一日に南堀江橋通三丁目の妙知尼宅から出火した火事は、大坂三郷（天満組・

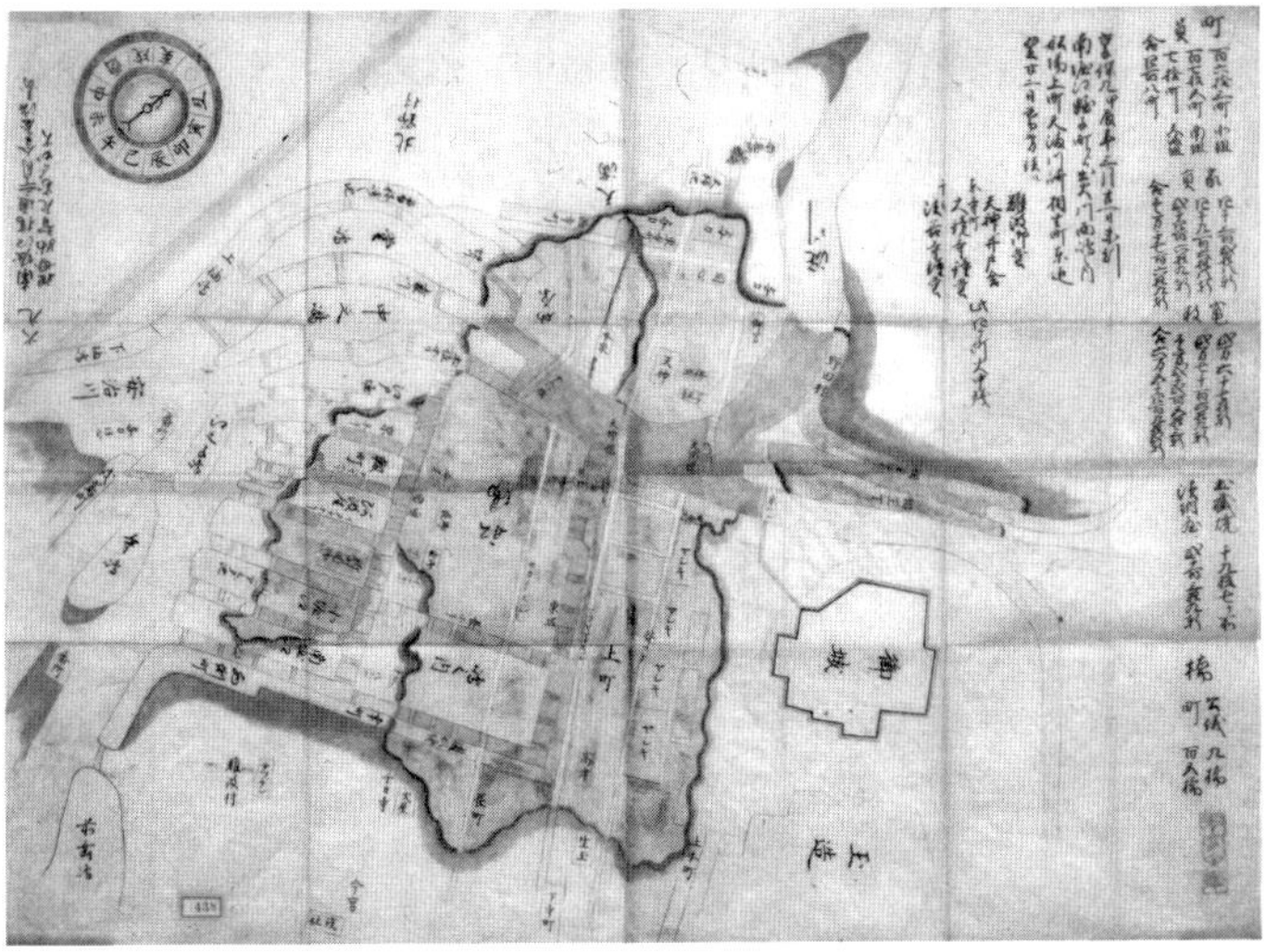

妙智焼図
享保9年（1724）、南堀江の妙知尼宅から出火した火事は、大坂三郷の3分の2を焼き尽くし、大阪天満宮もその周辺の町々もことごとく焼失してしまった。（大阪歴史博物館蔵）

北組・南組）の三分の二を焼き尽くし、大阪天満宮もその周辺の町々も悉く焼失しました。

その後の復興過程において、天満宮の氏子たちは、氏子組織としての「講」の結成に動き出します。「講」は天満宮への奉仕、天神祭への奉仕を目的とするもので、決して株仲間ではありませんが、当時の幕府の政策によりさまざまな仲間形成の機運が高まっていた時代の影響は否定できません。

天満宮の「講」には、職業を同じくする同業者集団による「講」もあれば、地域を同じくする地域集団による「講」もありました。それらの具体例として、現在も奉仕を続けている「御文庫講」

と「米屋講」の成立について見ておきましょう。

御文庫講の結成

享保八年（一七二三）に大坂の本屋・池田屋三郎右衛門ら二十四人による株仲間「本屋仲間」が公認されると、同仲間は住吉神社（現在の住吉大社）に奉仕する「住吉御文庫講」を結成します。

その翌年三月二十一日に「妙知焼け」が起こります。住吉神社の立地は大坂市中から遠く離れ、妙知焼けの被害はありませんでしたが、その前年に「住吉御文庫講」が結成されていたのは、奇遇と言わざるを得ません。なぜなら、大阪天満宮の神主（現在の宮司）は、類焼後の様子を町奉行所に次のように届け出ているからです。

> 三月二十一日当地大火に付き、天満宮社境内残らず類焼仕り、神体・本社・末社とも住吉神宮寺へ成し奉り、拙者儀、住吉連歌所に相詰め罷り在り候　（「公辺願書写　壱番」）

全焼した天満宮では、本社・末社の神体を住吉神社の境内にあった神宮寺へ遷し、神主自身も同社の連歌所に避難させてもらったのです。その後、ご神体は戎島御旅所を経由して、四月二十三日には境内に仮設した本殿に還御します。この住吉神社への避難中に、同社の御文庫を目にし、御文庫講の結成についても耳にしたはずです。享保十二年（一七二七）には天満宮の「御文庫」の建設に着手され、享保十五年（一七三〇）には本屋仲間による「天満宮御文庫講」が結成されています。

米屋講の結成

妙知焼けの鎮火後、天満宮では社殿復興のための再建奉加金を募りましたが、このときに奉加金の徴収役となったのが、天満郷の米屋・天満屋太右衛門ら百七十人の「天満東西米屋中」でした。同「米屋中」は、早くも大火の翌年には「天満宮御蔵」の建立に着手するとともに、享保十五年には、地元の天満組だけではなく、大川以南の北組・南組へも奉加金の徴収に奔走し、これを機に「米屋講」が結成されました。

米屋講設立の翌年の享保十一年（一七二六）には大坂三郷の「米仲買人仲間」に四百五十一枚の株札が認可され株仲間が成立します。享保の改革が、特に米価の安定を図ったことは知られていますが、その一環として、米仲買人仲間の株仲間が認可されました。米屋講の結成は、案外、株札認可の受け皿を準備する意味があったのかもしれません。

その他の諸講

以上、御文庫講と米屋講の結成の背景に、「享保の改革」と「妙知焼け」があったことを検証しました。しかし、この二講が最も古い講だというわけではありません。たとえば、「太鼓中」は、豊臣秀吉から大坂城の陣太鼓を賜ったという伝承を持ちますが、「講」として成立時期は不明です。また「天神講（現、天神講獅子）」は、元禄期（一六八八〜一七〇四）の寺子屋の子どもたちの講が、天満宮に奉仕する講になったと伝えますが、最古の史料は、妙知焼けの享保九年（一七二四）五月二十一日に「天神講中」として神鏡五面を奉納した記録です。

現在、天満宮に所蔵される史料のほとんどが妙知焼け以降のものであり、享保以前の様子はよくわかりません。それに、講はあくまでも天満宮ではなく氏子たちの主体的な組織ですから、天満宮所蔵の史料には記載が少ないという事情もあります。ましてや、戎島御旅所周辺の講についてはほとんどわかりません。

史料上は、享保期から現代に至るまで百近い講の名が散見できますが、そのすべてが天神祭への奉仕を目的としていたわけではありません。たとえば、享保十六年（一七三一）に結成された「万人講」は、毎月の一日に天満宮本殿で「家内安全・子孫繁栄」の祈禱をするための講であって、天神祭への奉仕はありません。

というわけで、逐年ごとの講の正確な数は把握しがたいのですが、参考までに、大正十三年

（一九二四）と昭和十一年（一九三六）の講一覧を挙げておきます。まず、大正十三年十一月に大阪府内務部から大阪天満宮に講社についての問い合わせがあり、それに答えた講は次の十七講でした。

太鼓中・祭礼講・松風講・梅寿講・御供講・永司講・久栄講・紙商燈明講・奉迎講・御錦蓋講・菅神講・日供翠簾講・天神講・北浜㈱団・御湯講・盤水講・日参講

また、昭和十一年七月の「講社及其代表者連名」には、二十四講が書き上げられています。

粟起商組合・丑日講・大阪書林御文庫講・菅神講・吉備講・久栄講・御供講・御鳳輦講・祭礼講・神衣講・神木講・松風講・大日本関西角力協会・天神講・日供翠簾講・西天満連合（神鉾講）・盤水講・風雅倶楽部・米穀商・奉迎講・㈱団・御旗講・和光団・和楽講

これらの時代にはまだ講を統括する組織がなかったため、ここに漏れている講があるかもしれません。各時代の講数を確定できるようになるのは、昭和五十年（一九七五）の「大阪天満宮講社連合会」の結成以降です。結成後の史料として、平成九年（一九九七）の三十一講社を挙げておきます。

太鼓中・西天満連合神鉾講・地車講・御神酒講・天神講・福梅講・御旗講・花傘講・御羽車講・丑日講・米穀商御錦蓋講・北信友の講・御鳳輦講・鳳講・玉神輿講・松風講・吉備講・采女講・敬神婦人会・大阪書林御文庫講・どんどこ船講・菅公会・花火講・御船講・供船講・大阪天満ライオンズクラブ奉仕講・榊会・梅風講・紙商燈明講・篝講・人形船講

（沢井浩一「天神祭と講」『宗教民俗研究』第13号日本宗教民俗学会、二〇〇三年）

8 ❖ 錦絵や地誌に見る天神祭

天神祭では、大川を下航する「船渡御」の船列に加えて、元禄期（一六八八〜一七〇四）には「御迎え船」が御旅所から遡航するようになり、川面のにぎわいが倍増しました。さらに、享保期（一七一六〜一七三六）に成立し始めた職業集団と地域集団からなる「講」が、陸渡御・船渡御をより個性豊かに発展させることになりました。

現代のようなテレビやSNSがなかった時代に、このような天神祭の魅力を全国に知らしめたのは、蔵屋敷の蔵役人たちや、旅人の土産話とともに、江戸時代に幾種類も刊行された名所

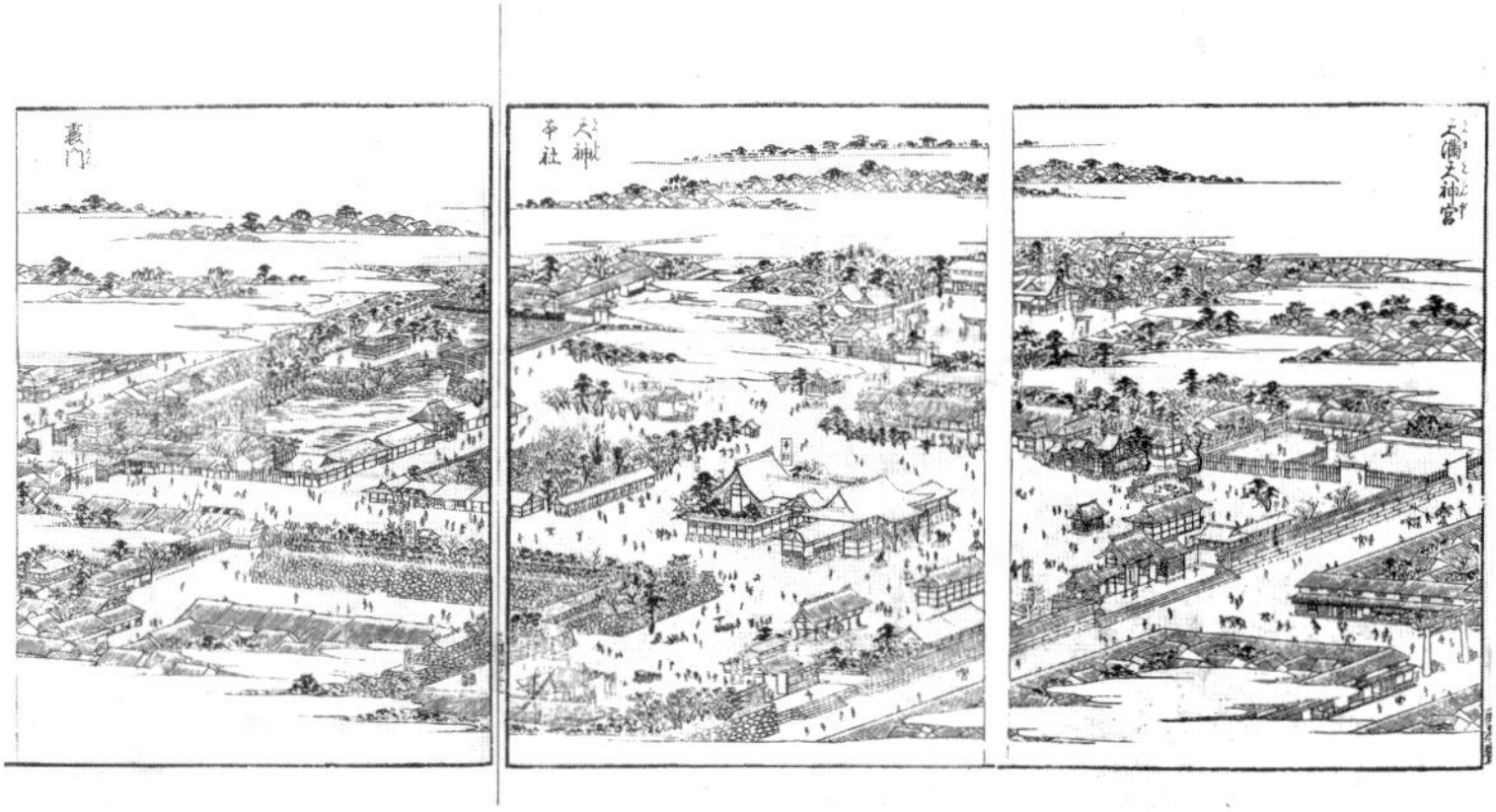

『摂津名所図会』（図1）
天満天神宮の俯瞰図。

地誌本や浮世絵などでした。本節では、それらのうちから、江戸後期の地誌『摂津名所図会』と、江戸末期の錦絵「浪速天満祭」、明治初年の一枚摺り「摂州大阪　天満宮渡御之図」を採り上げ、そこに描かれた天神祭の様子を紹介します。

『摂津名所図会』

『摂津名所図会』は、全九巻十二冊からなる大部の地誌で、秋里籬島《あきさとりとう》が文を、竹原春朝斎《たけはらしゅんちょうさい》・丹羽桃渓《にわけいこく》らが挿絵を担当したベストセラーです。天満宮および天神祭は、寛政十年（一七九八）刊行の第四巻上（大坂部）で採り上げられ、その挿絵として、天満宮境内の俯瞰図（**図1**）に加えて、船渡御の様子を、難波《なにわ》橋《ばし》付近（**図2**）、堂島付近（**図3**）、渡辺橋付近（**図4**）、戎島御旅所付近（**図5**）の四場面に描いています。

図2

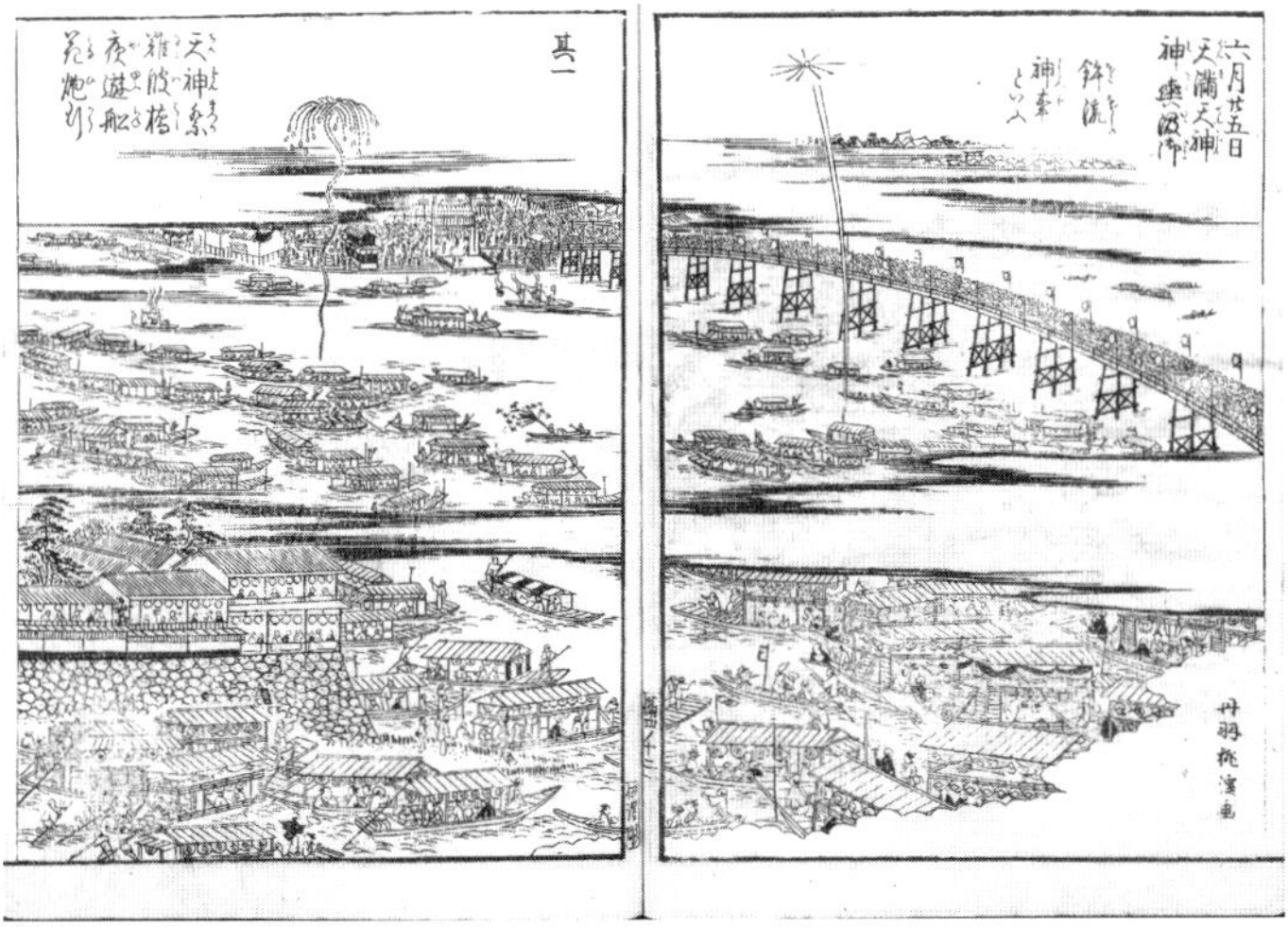

『摂津名所図会』(図2)
右頁に「六月二十五日天満天神神輿渡御、鉾流神事という」、左頁に「天神祭、難波橋、夜遊船、花炮行」とある。

右頁に「六月二十五日天満天神神輿渡御、鉾流神事という」、左頁に「天神祭、難波橋、夜遊船《やゆうぶね》、花炮行《はなびこう》」とあります。百年以上前に廃止された鉾流神事の名を記すのは、それが天神祭の別名としても広まっていたからです。

船渡御は、難波橋北詰の西の浜で乗船し、下流の戎島御旅所へ向かいました。当時の難波橋は大川を一気にまたぐ長大な反り橋（中央が高い円弧状の橋）でしたから、橋上からは遠方の山々まで望み見ることができる観光スポットでした。毎年の暑い季節にもなると、難波橋の川面には、数多くの遊山船が漕ぎだされ、その客目当てに浄瑠璃を聞かせたり、果物を売ったり、花火を上げたりする商い船も出てにぎわい、橋上や岸にもそれを楽しむ夕涼み客が集いました。真夏に行われる船渡御の乗船場としても最適の地だったのです。

本図右頁の難波橋は、船渡御を見物する群衆であふれています。橋の右奥には天満宮が遠望できます。橋の北詰西側に乗船場が見え、その前方には乗船場の位置を示す大篝船《おおかがりぶね》が停泊しています。川面に浮かぶ数多くの船は、船渡御見物用の船です。中には客の注文を受けて花火を上げる花火船も見えます。左頁左下の石垣は、当時の中之島の東端です。この辺りに山崎家の成羽藩《なりわはん》蔵屋敷があったことから「山崎の鼻」と呼ばれていました（鼻は端の意）。明和四年（一七六七）、その東端からさらに二十八間の新築地が延ばされ、遊興の場となっていましたので、その料亭から船渡御を見物する客が描かれています。

補注：江戸時代の難波橋は、その名の通り難波橋筋に架かっていたのですが、大正四年（一九一五）の市電施設に伴って、一筋東（上流）の堺筋に架け替えられ、現在に至っています。また、大川に浮かぶ中之島の東端は、江戸時代には難波橋より下流に位置しましたが、上流からの堆積砂により、現在の東端は難波橋より上流の天神橋に達しています。

図3

「堂島河面、神輿乗船」と題され、右頁に鳳神輿・玉神輿を奉安した船が下航し、その前方の左頁には「太鼓中」の船が先導しています。左頁上部には、狂歌師・鯛屋貞柳の「天満祭月夜

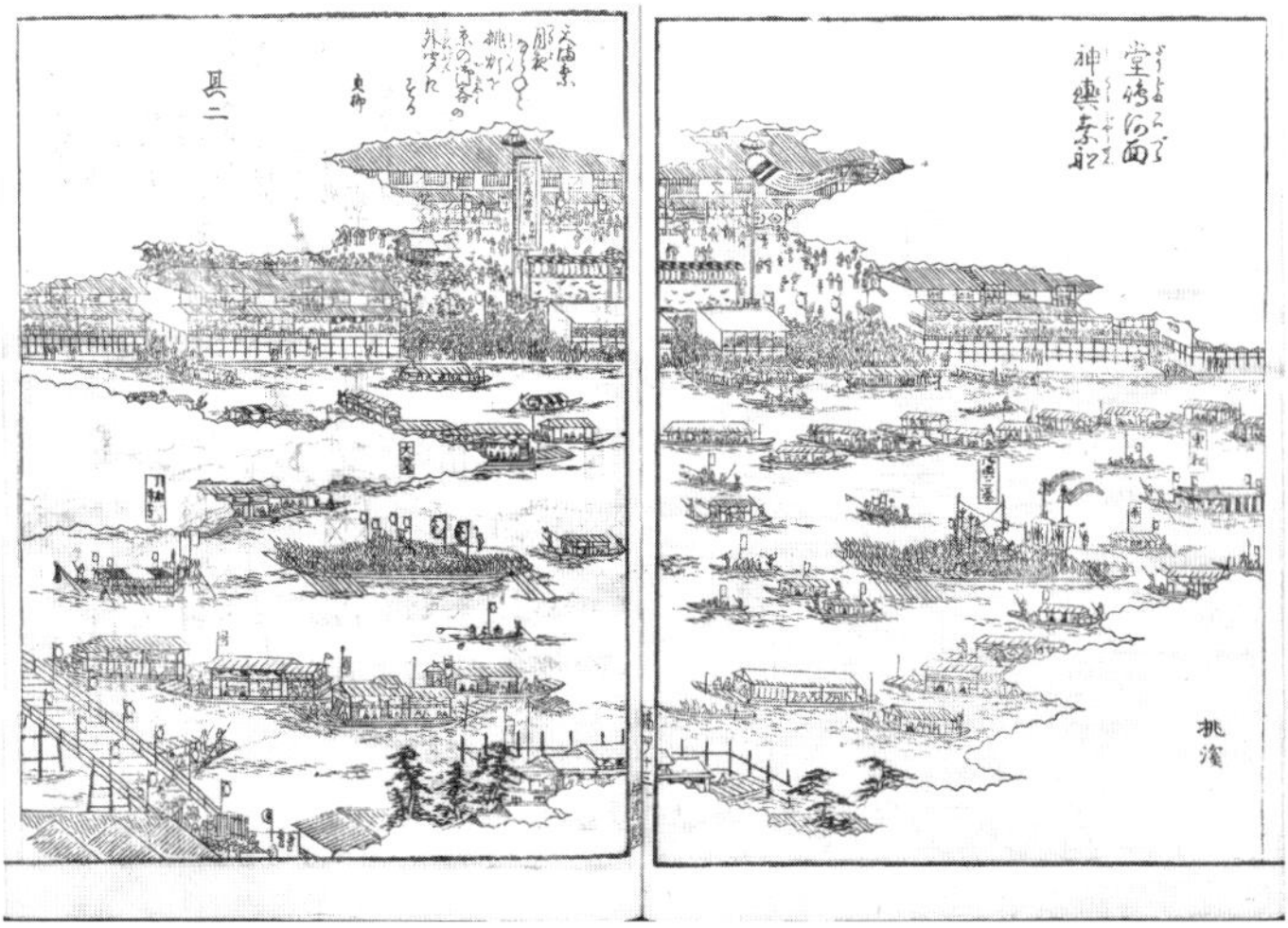

『摂津名所図会』(図3)
「堂島河面、神輿乗船」と題され、右頁に鳳神輿・玉神輿を奉安した船が下航し、左頁には「太鼓中」の船が先導している。

ならねど挑灯《（提灯）》を　京のお客の外聞にする」とみえます。右岸には地車の曳行を描いています。左頁左下の渡辺橋の南詰では、橋上の見物客が役人に追われ柵の外へ駆ける様子を描きます。まもなく神輿船が橋下を通過するから、ご神霊を上から見下ろさないようにというわけです。

図4

本図の上部の説明文では、船渡御コースの全体像を概観しています。少し長めですが全文を引用し、そのあとに解説を加えます。

> 天神祭は大坂市中の賑《にぎ》わいにして、天満本社より神輿渡御ありて、難波《なにわ》橋より船にて戎島の御旅所へ神幸まします。

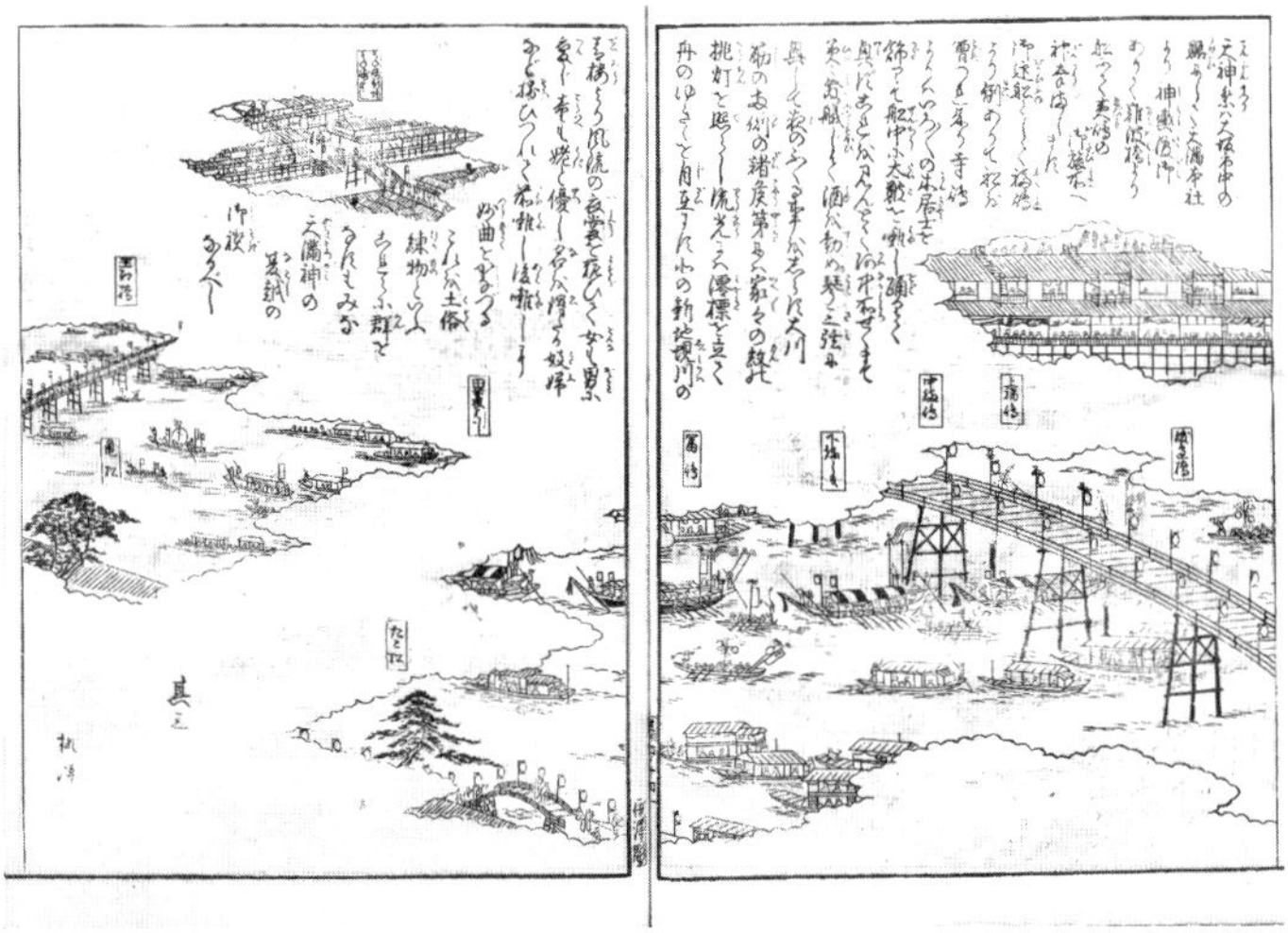

『摂津名所図会』（図4）
右の図に続く。上部の説明文では、船渡御コースの全体像を概観している。

御迎船として福島より例ありて、船を漕ぎ連れ来たり、寺島よりはいろ〳〵の木居士《にんぎょう》を飾りて、船中に太鼓を囃し踊りて興ず。これを見んとて河中所堰《せ》くまで美々しく艤《ふなよそおい》して酒を勧め、琴・三弦（三味線）に興じて、夜の更《ふ》くることを知らず。大川筋の両側の諸侯第《だいみょうやしき》には家々の紋の提灯を照らし、流光には澪標《みおぎ》（水先案内のために立てる木。「みおつくし」ともいう）を立て、舟の行来《ゆきき》を自在にす。北の新地・蜆川《しじみかわ》の青楼（遊女屋）より風流の衣装を粧《よそお》いて女も男に変じ、童《わらわべ》も姥《うば》に優し、名を得たる妓婦《ぎふ》など揃い連れて、前囃《はや》し後囃しに妙曲を奏ずる。これを土俗練物という。これらに群をなすも皆、天満神《あまみつがみ》の夏越《なごし》の御禊《みそぎ》なるべし。

天満宮を出た神輿は、難波橋で乗船し、戎島御旅所へ向かいます。続いて「御迎船として福島より例ありて、船を漕ぎ連れ来たり」との説明は、戎島御旅所周辺の町々から御迎え船が遡行することを言っています。その由来を「福島より例ありて」とあるのは注目されます。なぜなら、御旅所が常設される以前に、たびたび神鉾が漂着した上福島・中福島・下福島あたりからは、船渡御をお迎えする船を出していたことがわかるからです。福島からは、御迎えの船だけではなく、天神祭に地車も出していました。天明元年（一七八一）には、中福島若中・上福島逆櫓《さかろ》・上福島明島若中・上福島砂町・上福島野中町・下福島舟津町・上福島宮之前町・下福島宮之前町から八輛も曳き出されています。鉾流神事以来の天満宮と福島の深いつながりが浮かびます。

鷺島（雑喉場）御旅所が常設されると、周辺の町々ではこの習慣を受け継いで「御迎え船」を仕立てるようになり、戎島御旅所に遷ってからは、「御迎え船」に豪華な「御迎え人形」を飾るようになりました。「寺島よりはいろ〳〵の木居士《にんぎょう》を飾りて」とあるのは、戎島よりも南方の「木津川町」「九条村町」や「寺島町」なども「御迎え人形」を飾ったことを言っています。明治初年には、天満宮は戎島（梅本）御旅所をこの寺島あたりの松島に遷すことを大阪府に願い出ていますが、同地を望んだのは、古くから氏子意識の強い地であったことによるのでしょう。

『摂津名所図会』（図5）
左頁に「戎島天満宮御旅所」が描かれている。

こうして、船渡御と御迎え船のおびただしい数の船によって、その航路は塞ぎ止められ、艤装した船上では、太鼓や琴・三味線が音曲を奏でるなか酒宴となります。

大川筋（堂島川・土佐堀川両岸）の大名屋敷（蔵屋敷）は家紋入り提灯で照らされ、川中には航路を規制する澪標（川中に立てた目印の棒杭）が立ち、北の新地で遊んでいた遊興の男女も蜆川から大川に漕ぎだして来るのです。

挿絵に目を転じましょう。右頁に渡辺橋を描き、その北詰に「上福島・中福島・下福島」と見えます。左頁には「玉江橋」を描き、すやり霞（場面を区切る霞）の上方には「曽根崎新地」を描きます。

図5

左頁に「戎島天満宮御旅所」を描きます。

右頁右端に船津橋を描き、その右手に「かつはしま（合羽島）（堂島の西端）」、南詰に「はたて（端建）蔵（中之島の西端）」の文字が見えます。戎島御旅所左下の亀井橋はやはり黒山の人だかりです。御旅所の右方向（北方）には川口船手奉行所があり、大坂に入港する船を監視していました。この画では林立する帆柱でそれを表現しています。のち慶応四年（一八六八）に、この船手奉行所の地に「川口外国人居留地」が設定されたことから、戎島御旅所が松島へ遷ることになったのでした。

なお、右頁の説明文は、先に毎月二十五日の「長潮」を説明したときに「貫い汐」の話として引用したものです（六八〜六九頁）。

「浪速天満祭」

江戸末期から明治初年に活躍した絵師・五雲亭（歌川）貞秀は、俯瞰構図の浮世絵で知られました。安政六年（一八五九）には、難波橋北詰の上空から東南方面を俯瞰した、三枚続きの大判錦絵「浪速天満祭《おおさかてんままつり》」を描いています（口絵参照）。浪速三大橋と称された難波橋・天神橋・天満橋を配する大胆な構図のなかに、船渡御のさまざまな情報を描き込んでいます。ただ、貞秀自身は江戸・横浜などに暮らしましたので、情報不足による誤りも含まれています。左面・中面・右面の順で読み解いていきましょう。

〖左面の説明〗

「浪速天満祭」左面①

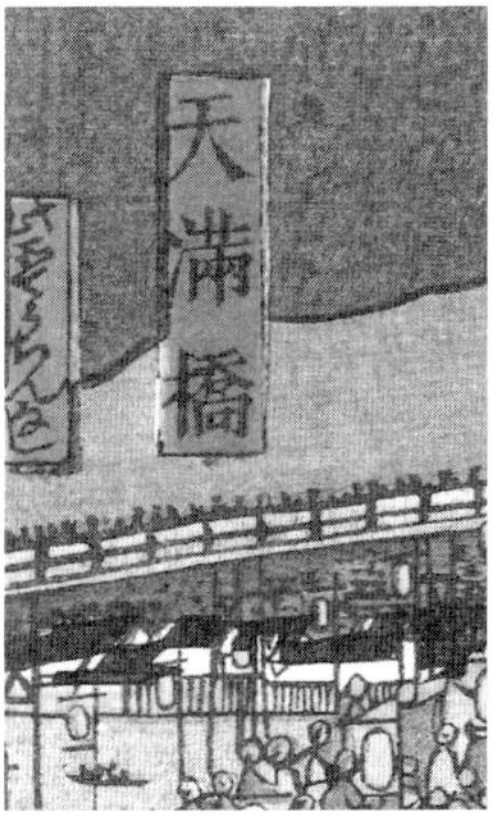

「浪速天満祭」左面②

①天神橋・大篝船　天神橋には提灯が連なり、船渡御を楽しむ群衆であふれています。その北詰（手前）の川面に停泊している大篝船には「天神橋大かゝり、火は御輿の帰りまで焚」と説明されています。夜に御旅所から帰ってくる船渡御の船列が目印とするためでした。

②天満橋　天神橋の左手奥の天満橋には、「此所てうちん《（提灯）》なし」との注記があります。ここに描かれたおびただしい数の船は、画面右方向の戎島御旅所に向けて下航しますから、その上流に架かる天満橋には祭礼提灯は不要だったようです。

③大坂城　天満橋南詰には大坂城が描かれています。その天守閣は、寛文五年（一六六五）に落雷で焼失した後は再建されなかったため、この絵ではいくつもの櫓で城郭を表現しています（現在の天守閣は、昭和六年〈一九三一〉の再建です）。

④八軒家浜　天神橋南詰の下から向こうに見える岸は八軒家浜です。江戸時代には、この八

軒家浜と京の伏見を行き来する「三十石船」が就航していましたので、「八けんや、舟やと（宿）、伏見迄、夜船の岸なり」と説明されています。ちなみに、八軒家浜を朝に出た「上り船」は夕方に伏見に着き、伏見を夕方に出た「下り船」は早朝に八軒家浜に着きました。

⑤御迎え人形「佐々木高綱・加藤清正・関羽」川面には、「宇治川佐々木人形」と書かれた「御迎え船」がみえます。平安末期の宇治川の先陣争いで有名な佐々木高綱の御迎え人形を飾っています。高綱の頭上に見える「田」の字状の旗は、佐々木氏の家紋の「四ツ目結」の旗指物

「浪速天満祭」左面③

「浪速天満祭」左面④

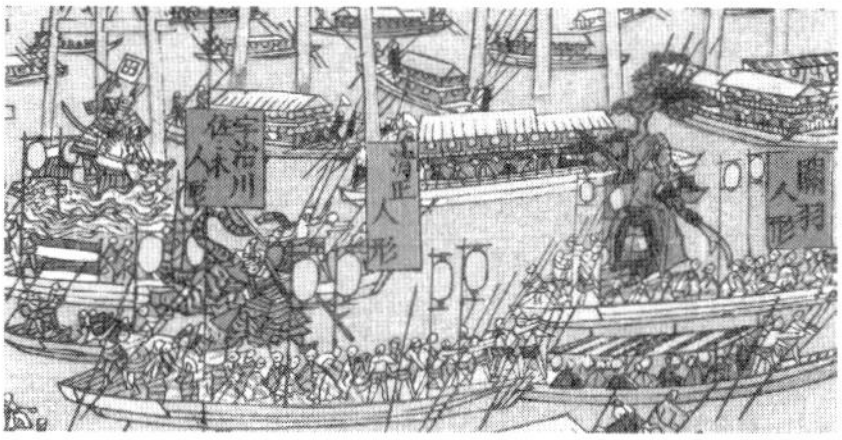

「浪速天満祭」左面⑤

です。右手前に「清正人形（加藤清正）」、その右手に「関羽人形」が描かれています。

⑥「大坂はダンジリ囃子」　左面左下の地車には「ダンジリ御輿、この中には金太鼓を打ち、ドンチ〳〵ときこゆ（聞こえる）、これ三ツという内の一ツなり」との説明があります。続いて、三都（京・江戸・大坂）の囃子の違いを、「京・ぎおんはやし（祇園囃子）、江戸・ばかばやし（馬鹿囃子）、大坂・だんじりばやし（地車囃子）」と表現しています。

⑦榊万度　地車の前方には、行灯のうえに榊を添えた「榊万度《さかんぼ》」が描かれます。何回も祓をした祓串《はらいくし》は、大坂では「榊万度」に発展し、地車の曳行などを先導しました。その右側にみえる「梵天先達《ぼんてんせんだつ》」も同様の役目です。

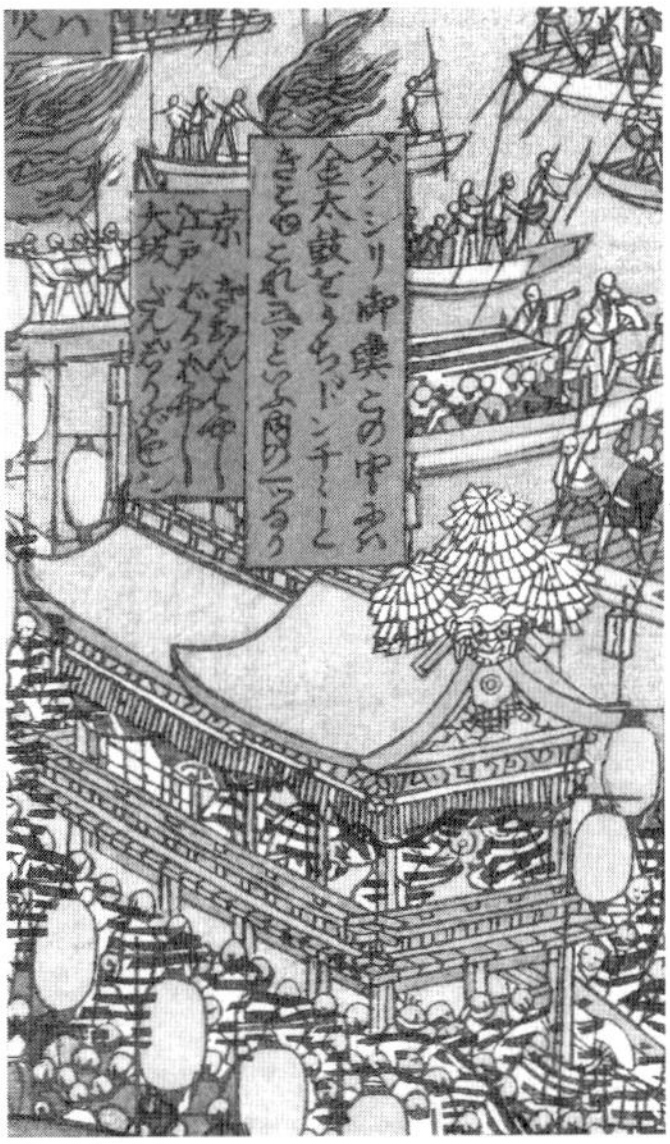
「浪速天満祭」左面⑥

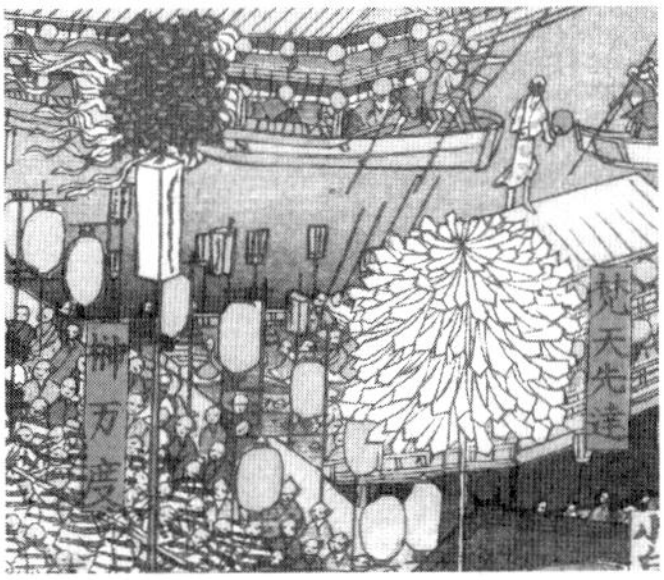

「浪速天満祭」左面⑦

〔中面の説明〕

⑧鳳神輿・玉神輿　中面の左手に二基の神輿を載せた船が描かれています。現在の天神祭では、菅原道真を戴く「御鳳輦」が天神祭の中心ですが、江戸時代には菅原道真の鳳神輿と、法性房尊意《ほっしょうぼうそんい》の玉神輿の二基が中心でした。尊意は天台宗の高僧で、天神が「荒ぶる神」になった際には、それを法力で鎮める役目を期待され、船上でも相並んで渡御しました。その説明には「天満宮御輿の舟ハ天神ハシ（橋）ヨリ乗シ」とみえます。江戸時代には、難波橋北詰の西側で乗船し、下流（画面の右方向）の戎島御旅所へ向かいましたから、貞秀の勘違いでしょうか。そもそも、本図のように難波橋上流にこれほど多くの船が浮かぶのも不自然です。

⑨肥船　鳳神輿・玉神輿の右手前の船には、「此時ハこやしぶね（肥船）までかひあげ（買い上げ）、のりて（乗り）出るなり」と説明されています。江戸時代には大坂市中の糞尿を汲み取り、郊外の農村に届けるために「肥船」が大和川や寝屋川などを行き来していました。天神祭には、それらの船までが見物客のためにチャーターされていたのです。

⑩髪結床・水菓子屋　肥船の手前（画面下）の家屋は「かミゆひ（髪結い）床」と「水菓子」の店です。江戸初期の髪結床は、橋のたもとでの経営が認可されていましたので、この店もその名残でしょうか。「水菓子」といえば、現在では「水ようかん」などの菓子類を思い浮かべますが、この当時は「果物」のことでした。右面の右下にも「水菓子舟」が描かれ、船渡御を見物する船に

「浪速天満祭」中面⑧

「浪速天満祭」中面⑨

「浪速天満祭」中面⑩

横付けして果物を売っています。

⑪中之島の東端　この時代には中之島の東端は難波橋より下流（右側）にありましたので、本図には描かれていません。その後、上流部に砂礫が埋まり、現在では天神橋の少し上流（左側）にまで達しています。

⑫御迎え人形「猩々」「山姥」「怪童丸」　鳳神輿・玉神輿の船の舳先あたりに「猩々人形」の

御迎え船がみえます。能『猩々』から採られた御迎え人形ですが、むしろ疱瘡除けとして知られたキャラクターでした。その説明枠には「船中ダンジリはやし《（囃子）》なり」とあり、船上には太鼓が描かれています。その右手の船には、芝居の『嫗山姥《こもちやまんば》』から採られた「山うハ《（姥）》」と「怪童」の人形が飾られています。怪童丸は、のちの酒田公時（坂田金時）のこと、「山姥」はその母親です。酒田公時は頼光四天王の一人として、疱瘡を原像とする酒呑童子を討っています。

⑬茶屋の出店と「チボ」　中面右下の難波橋北詰には「豆茶・餅茶《へいちゃ》・かきもち茶のみせ《（店）》あり」

「浪速天満祭」中面⑫

「浪速天満祭」中面⑬

「浪速天満祭」中面⑭

とみえ、橋上の床几に腰掛けているお客の姿も見えます。その手前、橋のたもとを「チポ」が逃げています。「チポ」とは、正しくは「チボ」といい、「スリ」のことです。後ろから二人の男が右手を振り上げて追いかけています。貞秀の遊び心の一景です。

⑭松屋町筋　中面右上には、天神橋の南方へ延びる道筋を「橋の真面通は、松ヤ丁《（松屋町）》筋トイフ。天王寺下通、合法《がっぽう》が辻へ出ル」と説明しています。わざわざ合邦ヵ辻への道筋を説くのは不自然にも思えますが、大阪町人の好きな芝居『摂州合邦辻』を連想させようとしたのでしょうか。

〔右面の説明〕

⑮東横堀と葭屋橋　右面左手に大川から南流する東横堀が描かれ、その説明枠には「此川筋ハ東横堀ト云。心斎橋、又ハ道頓ホリニ、流末は木津川ニ至リ海ニ入」とあります。大川からの分岐点に架かっているのが「葭屋橋《よしやばし》」で、「此はし《（橋）》ハくい《（杭）》なし」との注記がみえます。たしかに、暁鐘成の『近来見聞噺の苗』（一八一四年）には、文化元年（一八〇四）に葭屋橋は橋杭をなくして航行の妨げにならないようにしたと記されているのですが、天保九年（一八三八）には一本の橋杭のある構造に改修されています。この絵は、安政六年（一八五九）の作品ですから、貞秀は古い情報のままに描いたようです。葭屋橋のすぐ上（向こう側）に架かるのが今橋です。

⑯おどり　難波橋上で踊る一団に「橋上にて大おどり有」と説明されています。その描写からは、竹に雀の模様の着物の奴姿で踊る「雀踊」の群舞のようにも見えます。その左下の通行

人には「通行人ヲドリ。テウサヤヨウサヤ、〳〵」の説明があります。これは、文政二年（一八一九）頃の『浪花聞書』（『日本古典全集』）に「てうさやようさや〳〵。大坂にてだんじりを引きあるく時、囃子の言葉なり」とあるのを、貞秀が参照したのかもしれません。

⑰飴店・火の見台　難波橋北詰に「あめ見せ《飴店》、あめゆ《飴湯》あり」と見えます。水飴を湯に溶かして暑気払いに飲む「飴湯」の店です。その右下には「りやうり《料理》茶屋」の屋根が並びます。屋根上の火の見台に上って船渡御を楽しむ見物客が描かれ、「此火の見にて涼む。小てうちん《提灯》多し」

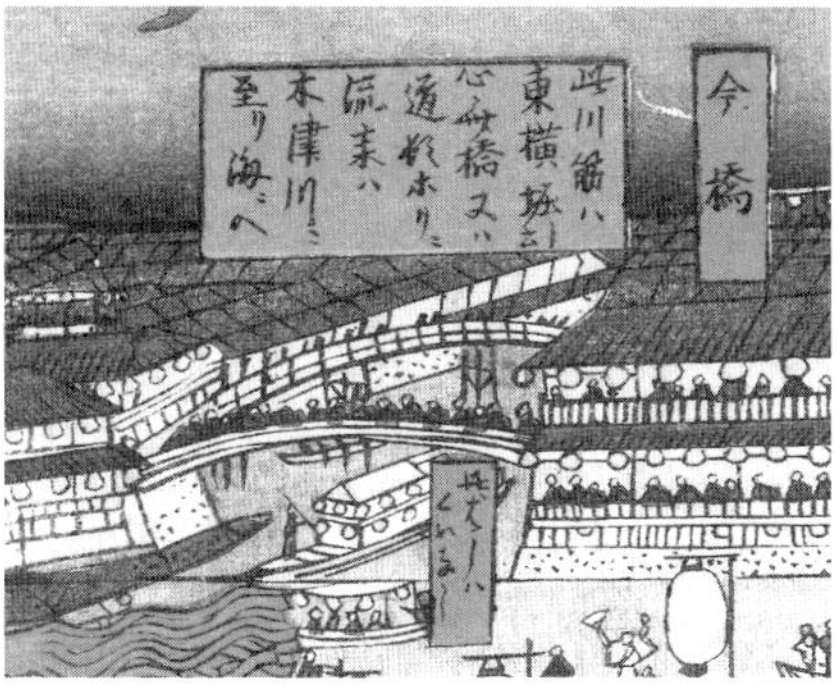

「浪速天満祭」右面⑮

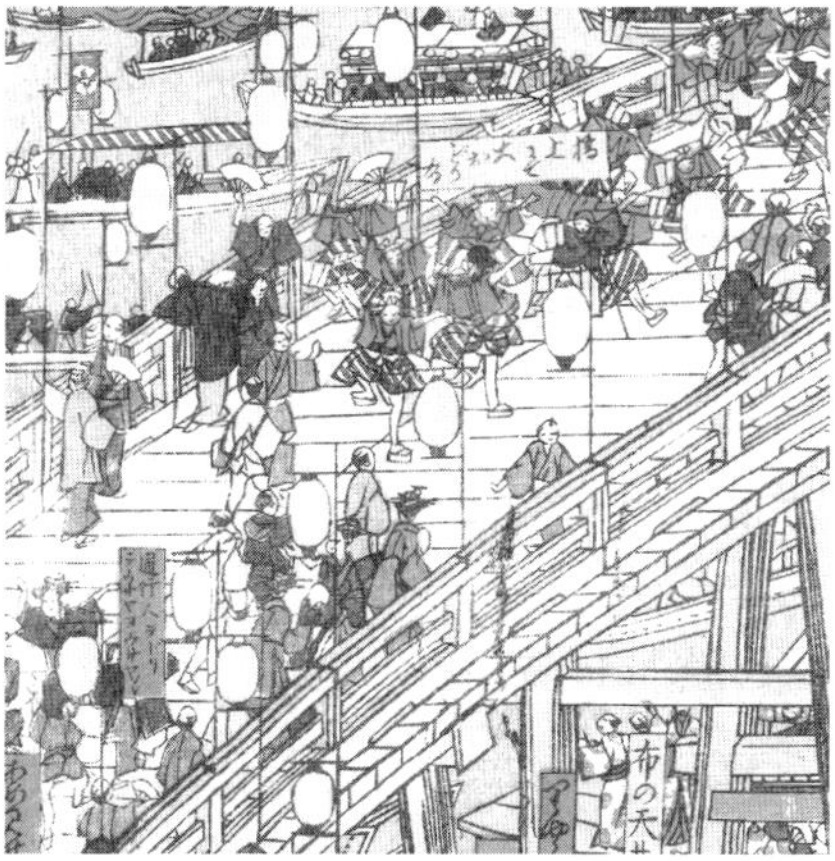
「浪速天満祭」右面⑯

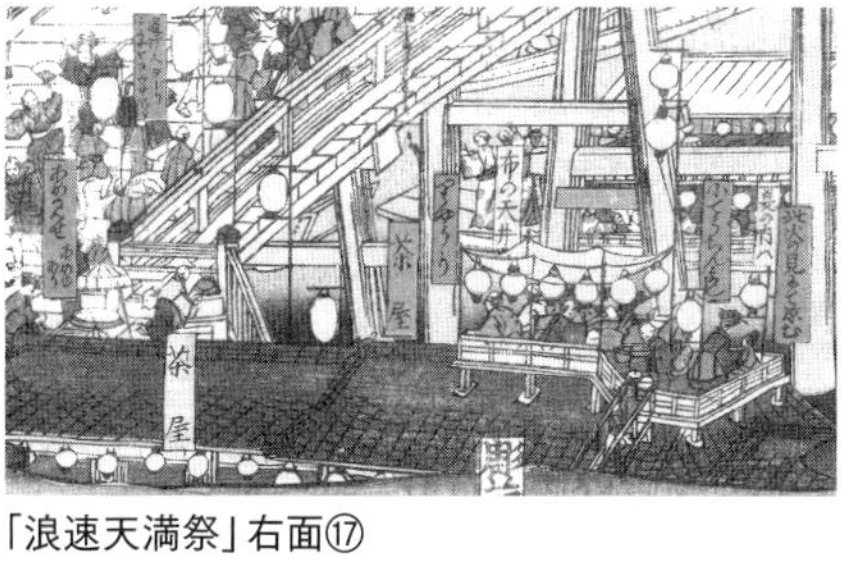

「浪速天満祭」右面⑰

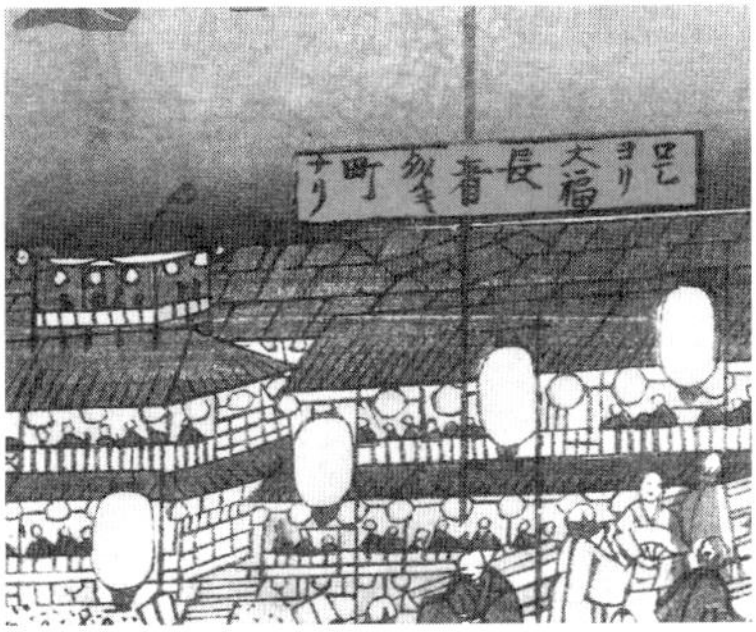
「浪速天満祭」右面⑱

「浪速天満祭」右面⑲

と説明されています。また「夏の内ハ、布の天井」ともあり、火の見台には暑さ避けの布のテントが張られています。幕末の志士、清河八郎も、旅宿の火の見台で船渡御を見物したことを紀行文『西遊草』に記していました（一四〇頁）。

⑱今橋の大福長者　大川の左岸（南岸）の屋根上に「是ヨリ大福長者多キ町ナリ」とみえます。この今橋辺りには両替商が多く、鴻池善右衛門や天王寺屋五兵衛、平野屋五兵衛などの豪商が住んでいました。井原西鶴『日本永代蔵』は、「難波橋より西、見渡しの百景。数千軒の問丸、甍をならべ」と描写しています。

⑲雑喉場魚河岸　右面の右端の船には「此船ハさこば魚がし《（雑喉場魚河岸）》なり。江戸はやし《（囃子）》ニて出ル」と見えます。雑喉場魚市場の面々が、なぜ江戸囃子を奏でたのかはわかりません（橋爪節也「図10浪速天満祭」、大阪天満宮文化研究所編『火と水の都市祭　天神祭』思文閣出版、二〇〇一年）。

「摂州大阪　天満宮渡御之略図」

「浪速天満祭」には、豊かな情報が詰め込まれていましたが、いかんせん難波橋北詰の上空から東南方面の浪花三大橋を望んだため、船渡御が進む下流方向は描けていません。

その足らざる点を補うために、難波橋の南詰の上空から西北を俯瞰する「摂州大阪　天満宮渡御之略図」も紹介しておきましょう。その画中に江戸後期・明治期の狂歌師・久鳳舎桐丸《きゅうほうしゃきりまる》（一八一七〜一八九三）の名があり、「大坂」ではなく「大阪」と表記されているので、明治初年の作品とみておきましょう。その説明文を次に引用しておきます。

当日、御神輿は天満御本社より渡御ありて難波橋より船にて戎島の御旅所へと神幸まします。そを御迎えの船として寺島辺りよりいろ〳〵の人形をかざりて、船中打ち囃し、或いは踊り狂いて興ず。また大川筋両側諸大名御屋敷は家々の紋の提灯を照らし、流光には澪《みを》標《ぎ》を立て篝を焚いて船の往来を自在にす。数百の屋形船には三味をならし歌の声うるわしく、花火は流星《りゅうせい》、星下り、上り龍は水の面に輝き渡る有様は、実に浪花では一《げ》のにぎわいと、是みな天満神の余光なるべしという。

「摂州大阪　天満宮渡御之略図」
右下に架かるのが難波橋。その西側の船に御鳳輦が乗り、続いて乗船するために玉神輿が難波橋北詰まで担がれてきている。橋の北詰の床几に裃姿の二人が座り、群衆が橋上に出ないように見張っている。画面左端の大江橋にも人影は見えない。

　この前半は、先に引用の『摂津名所図会』をリライトしていますね。航路規制の「澪標」については、「篝を焚いて」照らしたことを補足しています。たしかに、御旅所から船渡御が天満宮に遡行する夜には必要なことでした。
　船渡御の見物客のために「数百の屋形船」が出たと言います。なんとも大雑把な数字ですが、「数百」では止まらないという史料もあります。参考までに「浪華　大紋日こがねの山」（『浪花みやげ』所収）が、天神祭の夜の収益を次のように記しています。

御座舟ならびに筥舟とも、		二千五百艘
舟ちん・雑用とも、		凡そ二百貫目余
花火屋舟	二十艘	金八十両
通い舟	八十艘	銭百五十貫文
料理屋	五十軒	銀二十五貫目
煮売屋	凡そ百軒	銭八百貫文
諸商人	三百人	同六百貫文
茶店	凡そ百軒	同三百貫文

これとても正確な調査の結果とは思えませんが、見物用の御座船・筥（箱）船二千五百艘のほかに、乗船客の依頼で花火を打ち上げる船が二十艘、岸と本船を往復し客を運ぶ通い船が八十艘、これらが川面を埋め尽くしたといいます。現在の船渡御では、見物の船が航行することは禁止されていますから隔世の感があります。

次に絵を読み解いておきましょう。右下に架かるのが難波橋です。その西（下流）側の船に鳳《おおとり》神輿が乗り、続いて乗船するために玉神輿が担がれてきます。興味深いのは橋の北詰の床几に裃《かみしも》姿の二人が座り、群衆が橋上に出ないように見張っていることです。神霊を奉戴した神輿を橋上から覗く不敬がないように監視しているのです。画面左端の大江橋にも人影は見えません。先に引用した『摂津名所図会』や「浪速天満祭」では、難波橋上に群衆があふれている様子が描かれていました。『名所図会』の場合は、両神輿の船がすでに堂島あたりまで下航していましたから、橋上から花火などを楽しむことは許されたのです。しかし、「浪速天満祭」の場合は、すぐ下に神輿の奉安船があるのですから辻褄が合いません。

補注：ご神霊の正面は「正中《せいちゅう》」といい、私たち人間はそのラインを避けることが礼儀とされています。ですから正中にあたる橋上から神輿を除くことは不敬なこととされ、現在の天神祭でも、橋上の正中にあたる位置は、浅黄幕（青白幕）で覆われています。

9 ❖ 江戸後期の天神祭の見物

江戸時代を通じて天神祭はますます発展していきます。江戸後期の大坂で塾を開いていた儒学者・広瀬旭荘《きょくそう》（一八〇七〜一八六三）は、その日記に「天神祭以って、故に放学」と記しています。天神祭の日の塾を休んで、塾生たちに祭見物を楽しませたのです。このころに、天神祭を見物した有名人二人を紹介しましょう。

大田南畝――操られる御迎え人形

狂歌師として有名な大田南畝（号は蜀山人）も、天神祭を見物しています。江戸生まれの幕臣ですが、享和元年（一八〇一）に大坂銅座に赴任し、早速この年の天神祭を見物に出かけています。その日記『蘆の若葉』には、六月二十五日に堂島川南岸、大江橋付近の「高殿」に登って見物したと記録し、戎島御旅所から遡航する船列については、次のように記します。

福島の方より御迎いの船数多《あまた》漕ぎ連れて来たれり。その船の粧《よそお》い、赤く塗れる船に檜皮葺きの屋根して、幕打ち廻し、吹流し・台傘・たて傘など立て並べしは、大名の船になぞらえるなりとぞ。

戎島御旅所周辺の町々が、船渡御をお迎えするための「御迎え船」を仕立てて遡航したことは先にも述べましたが、それを福島（上の天神・中の天神・下の天神）の船が先導したといいます。「檜皮葺きの屋根」は、船上に飾る御迎え人形のための覆いです。人形は衣装のどこかに緋色を使用し疫病除けの意味合いを持たせたことを先に紹介しましたが、その船体も赤く塗られていたようです。最盛期には約五十体以上の御迎え人形がありましたが、この年は寂しい様子でした。

御迎え人形「三番叟」

> もとは数多の人形を、船の上または舳先に飾りて来たりしが、近頃よろず事そぎて、今年はただ二ツばかりあり。江之子島の濡髪の長五郎の人形、俵を抱えて立てると、冨島二丁目の三番叟のみ也

「数多《あまた》漕ぎ連れて」という船列のうち人形を飾っていたのは、俵を抱えた「濡髪長五郎」と、「三番叟《さんばそう》」の二艘だけでした。寛政の改革（一七八七～一七九三）で徹底された「倹約令」の影響でしょうか。

この二体について、「糸をもて操りて、舟の中にてくるくる廻る也」というのは興味深い。御迎え人形は、船上でくるくる廻ったり、腕を上げ下ろししたりして、芝居の一場面を再現したのです。「恵比須」の人形なら、川から鯛を吊り上げるパフォーマンスで喜ばせたのかもしれません。残念ながら、現存の十六体はすべて固定され、動かせないのは寂しいことです。

清河八郎——火の見台から見物

安政二年（一八五五）三月十九日、庄内藩（山形県）の清河八郎（一八三〇～一八六三）は、母と下男を伴って半年にも及ぶ西国大旅行に出発しています。その紀行文『西遊草』は、後年に母がこの旅を思い出そうとするときの、よすがにするために書いたと言います。八郎は、この八年後に浪士隊を率いて江戸から上洛し、そこから新選組が誕生したのですが、八郎自身は文久三年（一八六三）に暗殺されてしまいます。逆縁に遭った母は、『西遊草』を何度も何度も読み返し、息子を想ったに違いありません。

有馬（兵庫県）あたりを周遊していた八郎たちは、天神祭に間に合うように足を速め、六月二十四日に大阪に入り、大阪天満宮に参拝、「天神祠は京師北野には及ばざれども、随分立派なる宮殿にして」とその印象を記しています。八郎たちが参拝したのは、大塩の乱の後、弘化二年（一八四五）に再建された現在の本殿です。

八郎たちは、今橋築地（大阪市中央区）の料理旅館「瓢箪屋」に入り宵宮の様子を記しています。

今宵は地車の宮入といいて、いずれも暮れ方より天神の前に曳き入るなり。夕飯終わりて天神橋より悠々といいたり見るに、次第次第に賑わいをなし、往来甚だ難儀なり。

その過度のにぎわいに、八郎は少し辟易していた気配があるのですが、それでも翌二十五日の船渡御を楽しみにしていました。ところが、八郎は乗船の手配をしていなかったため、乗船を諦めます。

大阪の遊舟、残らず出る故、舟価の飛ぶこと莫大にして、常に四百銅の小舟、四貫文ばかりにいたるとぞ。当年は別して賑わい、一艘の空き舟も見えず。伏見往来の船まで乗り合いにて遊見する也。

銭四百文が四貫文（四千文）といいますから、船賃は十倍に跳ね上がっていました。「伏見往来の船」とは伏見と八軒家浜を往復する「三十石船」ですが、この日ばかりは船渡御の見物船として利用されていました。八郎は直前まで乗船しようと手を尽くしますが果たせず、次のように言います。

吾等も船と思しかども、早速にはあらず。且舎の火の見台より見るに、却て清涼にして、船にあるも同じく、浪華橋迄一視に入りて、足を労せず見物いたすゆへ、終に舟を求めず。

結局、旅宿瓢簞屋の「火見台」から船渡御を見物することになった八郎たちは、「却て清涼にして、船にあるも同じ」といっていますが、決して乗船できなかった悔しさからの言葉ではなく、本心から満足したようです。

暮れかたより花席をしき、酒肴を携へ、火見台にのぼるに、坂都の市屋かぎりなく見へわたり、城の櫓々は図画の如くにあらわれ、涼気骨を通すばかりにて、爽然たる事比類なし。眼下は川流にして、遊山の船ひきもきらず浮かびたり。浪華橋の辺は人声憧々として、一面の船燈籠真に都会の一大奇観なり。

10 ❖ 幕末維新期の天神祭

天神祭の中止と新選組

幕末・維新の動乱期は、陸渡御・船渡御を中止するなど天神祭にさまざまな影響を及ぼしましたが、新選組も天満宮・天神祭と無縁ではありませんでした。

文久三年（一八六三）二月八日、清河八郎の建策によって結成された「浪士組」は将軍の警護を名目として江戸を発ちます。八郎が母と天神祭を見物した八年後のことです。一行が二十三日に上洛すると、八郎が翻意し、尊皇攘夷を旨とするように扇動したため、幕府は浪士組を江戸に呼び戻します。しかし、芹沢鴨・近藤勇らは八郎と袂を分かって京都に残り、三月十二日に京都守護職御預かりとなり、やがて新選組を結成します。

結成直後の新選組は、早くも四月には大坂今橋の平野屋から百両、鴻池から二百両を調達し、六月三日には芹沢ら八名の隊士が、難波小橋付近で力士たちと乱闘の末に二十数名の死傷者を出しています。

翌年五月二十日には、近藤らは、天満橋において大坂西町奉行所与力の内山彦次郎を暗殺しますが、これは前年の力士斬殺を内山が厳しく追及したことへの遺恨だったようです。

そして、翌慶応元年（一八六五）六月十五日、新選組は大坂の五神社に対し、夏祭についての廻章を廻しました。大阪天満宮の神主（宮司）・滋岡功長《なるなが》は廻章の文面を日記に書き留めています。

廻章を以て御意を得候、しからば御祭礼の儀につき申し談じたき儀、御座候間、我ら旅宿まで明朝までに御出張致されるべく候、以上

六月十五日

新撰組
目付方

稲荷
座摩
御霊
当社
生玉

今年の祭礼について相談したいので新選組の旅宿まで来るようにという召喚状です。実は、この年は世情不安のために宛名の五社が示し合わせて夏祭の中止を決めていました。宛名の「稲荷」は、現在の難波神社（中央区博労町）で、祭日は十三・十四日ですから廻章の日付では手遅れです。ちなみに「座摩」神社（中央区渡辺町）の祭日は二十一・二十二日、「御霊」神社（中央区淡路町）は、十六・十七日、「当社」とあるのは、廻章の原本に「天満」か「天神」とあったのを功長が写し変えた表現で、祭日は二十四・二十五日、「生玉」は生国魂神社（天王寺区生玉町）で二十七・二十八日、いずれにしても一旦中止を申し合わせたものを、この時点で実施に覆すのは無理筋でした。

天満宮では、これを受けて「御廻章の趣、承知仕り候　天満宮社役人」と書いた「下ケ札」を貼り、下寺町の「大恩寺《（ママ）》」へ廻章を返し、新選組は、廻章の返却を証す受け取りを出しています。

一、廻章一通
御返却なされ、慥《たし》かに落手致し候
以上
新選組
当番所
天満宮
御社家
御使中

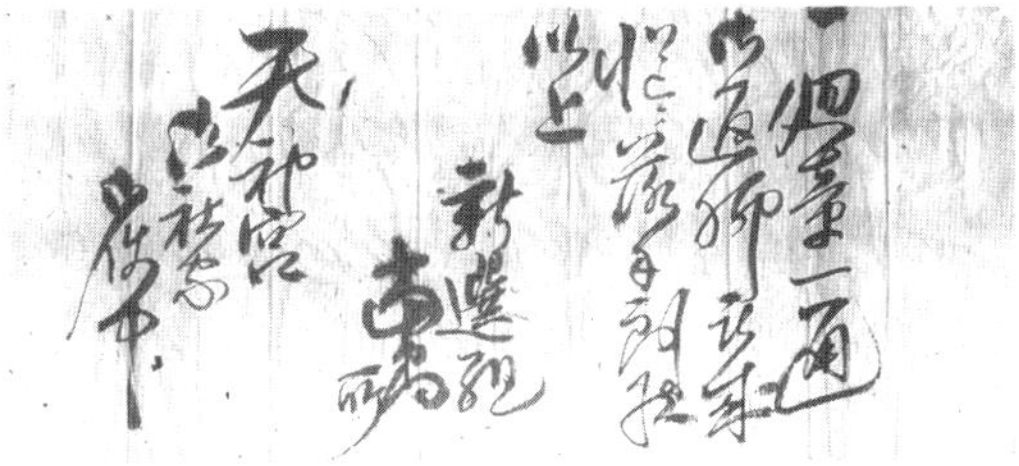
新選組の廻章の受け取り

翌十六日、神主・滋岡功長と社家・大町吉儀は、新選組へ出頭するに先立って、座摩社を訪ねています。昨日のうちに新選組に出頭していた座摩社にその様子を聞き合わせるためです。座摩社が言うには、世情不安のために祭礼を中止するのなら、新選組が警護を引き受けるから実施するようにという申し出を受けたが、既に執奏家（高辻家）から中止の指示も受け、準備の日限もないと答えたところ、新選組は納得したとのことでした。

この経過を聞いたうえで、吉儀は下寺の「大徳寺（ママ）」の新選組に出頭し、応対に出た「三木」某から「当年御祭礼渡御これなきは如何」と問われたので、吉儀は、過日に奉行所へ提出した届書の写を見せて「神輿及び神器などの修補が祭日に間に合わない」ので「居祭《いまつり》」にしたいこと、加えて、執奏家や大坂町奉行所にもこの旨を届け済みであると説明して、当年は渡御を見合わせたいと答えています。居祭とは、本殿における神事だけを斎行し、渡御などの神賑行事を行わないことです。これに対し、三木は本年の「居祭」を認めたうえで、出頭を命じた事情を次のように説明しています。

大樹公は在城、諸藩入り込み等にて混雑故、御見合わせに相成る儀に候は丶、及ばずながら御守衛申し候間、例年よりも一入《ひとしお》賑々しく御修行申されるべく候に付き、然るべきと存じ候間、一応御談じ合い候

大樹公（十四代将軍・徳川家茂）が第二次長州出兵軍を督励するため大坂城に入り、諸藩の軍勢も大坂に駐留していることから世情不安を理由に祭礼を中止しようというのなら、新選組が警固するので、例年よりも賑々しく斎行すべきだと考えての相談だったという説明です。

なお、功長の日記には、このときの新選組の在宿を、十五日の日記に「大恩寺」、十六日には

「大徳寺」と記していますが、当時、新選組の大坂屯所は下寺町（大阪市天王寺区）の「萬福寺」でしたから、萬福寺に南接する「大覚寺」を書き誤ったのかもしれません。
それはともかく、同年に渡御行事が中止されてから、明治四年（一八七一）に再開されるまでは天神祭は居祭が続きます。

新選組の天満宮在陣

右の廻章から二年後、幕末の風雲急を告げる慶応三年（一八六七）十月十四日、十五代将軍徳川慶喜が二条城において朝廷に大政の奉還を請い、十二月九日には「王政復古の大号令」が発せられました。慶喜は同月十三日に大坂城に入り、翌日には、近藤勇以下、新選組隊士六十六名もあとを追い、大阪天満宮に陣を置きました。新選組二番隊組長だった永倉新八の日記に記されています。

十四日、当組下坂ス、此日大雨風、八ツ時頃橋本江着ス、此所ヨリ小舟に乗シテ天満天神社内ニ陣ス

（木村幸比古『新選組日記』ＰＨＰ新書、二〇〇三年）

今回は下寺町の寺院ではなく、大阪天満宮への着陣です。先に引用した滋岡功長の日記は慶

応三年分が失われているため、その事情は不明ですが、おそらくは大坂城の慶喜を警護するためには、下寺町より天満宮がふさわしいとの判断なのでしょう。
当時、大阪天満宮の北東には社家八軒が軒を連ねて社家町を形成していましたから、近藤勇や土方歳三などの幹部は各社家宅に、その他の隊士たちは本殿東側の参集殿などの社殿に宿泊したのでしょうか。
子母澤寛『新選組始末記』(中公文庫、一九九六年)は、大阪天満宮への在陣を次のように説明します。

大坂では一時、北野天満宮に落着いたが、近藤が、全隊到着の旨を会津侯へ届け出ると、「林権助の率いる三百名及び陸軍奉行並竹中丹後守及び松平豊後守の仏蘭西《フランス》伝習隊五百名と共に伏見を警備すべし」との命令であった。近藤の腹では、直ちに大坂城に入って、親しく将軍を守ろうとの考えであったが、その事は成らなかった。

ここに「北野天満宮」とありますが、大坂で北野天満宮といえば「綱敷天神社」(北区神山町)のことですから何かの間違いでしょう。「会津侯(京都守護職・松平容保)」から伏見の警備を命じられた新選組は、天満宮にはわずか二泊しただけで、十六日には伏見に移り、翌年一月の鳥羽伏見の戦いで敗走しています。近代の幕開けはすぐそこに迫っていました（拙稿「大阪天満宮と新選組――天神祭警護と天満宮在陣」『大阪春秋』１１４号、二〇〇四年）。

11 ❖ 近代における天神祭の変革

法性坊尊意から野見宿禰へ

明治維新に伴い、新政府は神仏分離政策を掲げます。具体的には、慶応四年（明治元年・一八六八）三月から十月にかけて発布された一連の通達（神仏判然令と総称）による政策転換です。それは天満宮の本殿に祀る祭神にも大きな影響を与えました。

新政府は、江戸幕府が仏教を国教としてきた政策を改め、神社から仏教色を排除して、神道の国教化を進めたのです。それまでは神仏習合思想のもとに、寺院と鎮守社、神社と神宮寺は深く関わり、大阪天満宮も天満東寺町の宝珠院を神宮寺としていました。先述した天満宮の社僧・大村由己が、宝珠院の住持だったことにも、その関係性が表れています。

神仏分離政策までは、天満宮の本殿には五柱の神様が祀られていました。先に紹介した「摂州西成郡南中島惣社天満宮略御縁起」は、本殿における五柱の配置を記しています。

御本殿五社
東　第一　法性坊尊意
　　第二　手力雄命　戸隠明神是也
中　　天満大自在天神
　　第四　猿田彦大神
　　第五　蛭児尊　夷殿是也

五柱のうち、第一殿の法性坊尊意だけが僧侶で、天満大自在天神の他はいうまでもなく神話に登場する神様です。尊意は、天台座主（天台宗を統括する延暦寺の住持）という仏教界のトップにいた僧侶ですが、新政府から法性坊尊意を廃祀するようにという直接的な命が下ったわけではなさそうです。

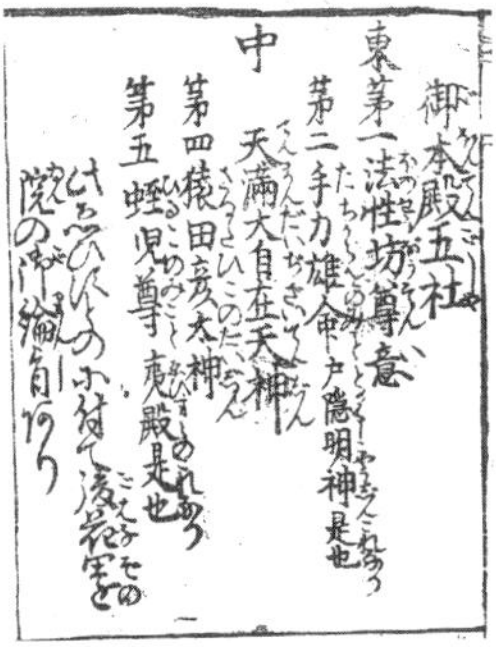
御本殿五社
東第一法性坊尊意
第二手力雄命戸隠明神是也
中　天満大自在天神
第四猿田彦大神
第五蛭児尊夷殿是也

「摂州西成郡南中島惣社天満宮略御縁起」に書かれた御本殿五柱

しかし、天満宮は神仏分離政策下において法性坊尊意を祀り続けることの是非に迷い、同じく法性坊を末社に祀っていた太宰府天満宮や、大阪府に対して、その扱いを問い合わせています。結果、明治七年（一八七六）の史料に「当今、空殿に候事」と記しているように廃祀を決めました。「空殿」には、次の注記があります。

但し、当社末社の内、野見社焼亡後、別社取建て申したく候ところ、未だ相願い候に付き、
右御筥、当分相殿の内に安置御座候

境内にあった野見宿禰《のみのすくね》を祀る「野見社」が焼失したため、再建を出願中なので、その御筥（ご神体）は、本殿の相殿（法性坊廃祀のあと）に安置したと言っています。この表現では、仮安置のように読めますが、結果的には、野見宿禰は現在も本殿に祀られています。

野見宿禰は、土師氏の祖とされる古墳時代の豪族です。垂仁天皇に出雲から召され、当麻蹴《たいまのけ》速《はや》と角力《すもう》をとり、蹴速の脇骨を蹴り折ったうえ、踏み付けて腰骨を踏み折って絶命させました。現代の相撲とは似ても似つかない格闘技ですが、この勝利によって、宿禰は蹴速の支配していた当麻（現、奈良県葛城市）を与えられます。土師氏は、後に菅原氏・秋篠氏・大江氏に分かれますので、菅原道真の祖でもあります。このときの天覧相撲が、日本最初の相撲とされ、野見宿禰は、今日も相撲の神とされています。

ちなみに、手力雄命も相撲の祖とされることがあります。手力雄命といえば天照大神が天岩戸に隠れたとき、その怪力で岩戸を開いたことで知られます。幕末の嘉永元年（一八四八）に書

かれた「角力軍配記」によれば、天岩戸の前で、手力雄命と他三柱の神様が初めて相撲を取ったという伝承もあります。

野見宿禰も手力雄命も、いずれ劣らぬ強い神様だったことが、天神祭の渡御に大きく影響します。

鳳神輿と玉神輿の同舟

本殿の祭神が法性坊尊意から野見宿禰に代わったことで、天神祭の二基の神輿に奉安する神様を考え直さねばならなくなりました。これまでは、鳳神輿に天満天神が、玉神輿に法性坊尊意が奉戴され、この二基の神輿を中心に陸渡御・船渡御が斎行されていました。

延宝三年（一六七五）の『芦分船』の挿図「天神御旅所《てんじんおたびどころ》」には、戎島御旅所へ向かう天神を奉戴した鳳神輿と、法性坊を奉戴した玉神輿を乗せた二艘の奉安船が描かれています。二艘といいましたが、正確には二艘を横繋ぎにし、そこに神輿の担ぎ棒を渡して一艘仕立てにし、それぞれに鳳神輿・玉神輿を乗せています。同様の船渡御のスタイルは、延宝七年（一六七九）の「難波鶴」の挿図「天満天神祭くわんぎょ（還御）の所」にも描かれています。

このように、船の安定のために二艘横繋ぎの船に神輿を乗せることは、琵琶湖を神輿渡御する日吉大社（滋賀県大津市）の山王祭《さんのうさい》など、各地の船渡御に見られることで、天神祭独自のもの

『芦分船』の挿図「天神御旅所」(『浪速叢書』12より)
戎島御旅所へ向かう天神を奉戴した鳳神輿と、法性坊を奉戴した玉神輿を乗せた奉安船。どちらも二艘を横繋ぎにし、神輿の担ぎ棒を渡して一艘仕立てにして神輿を乗せている。

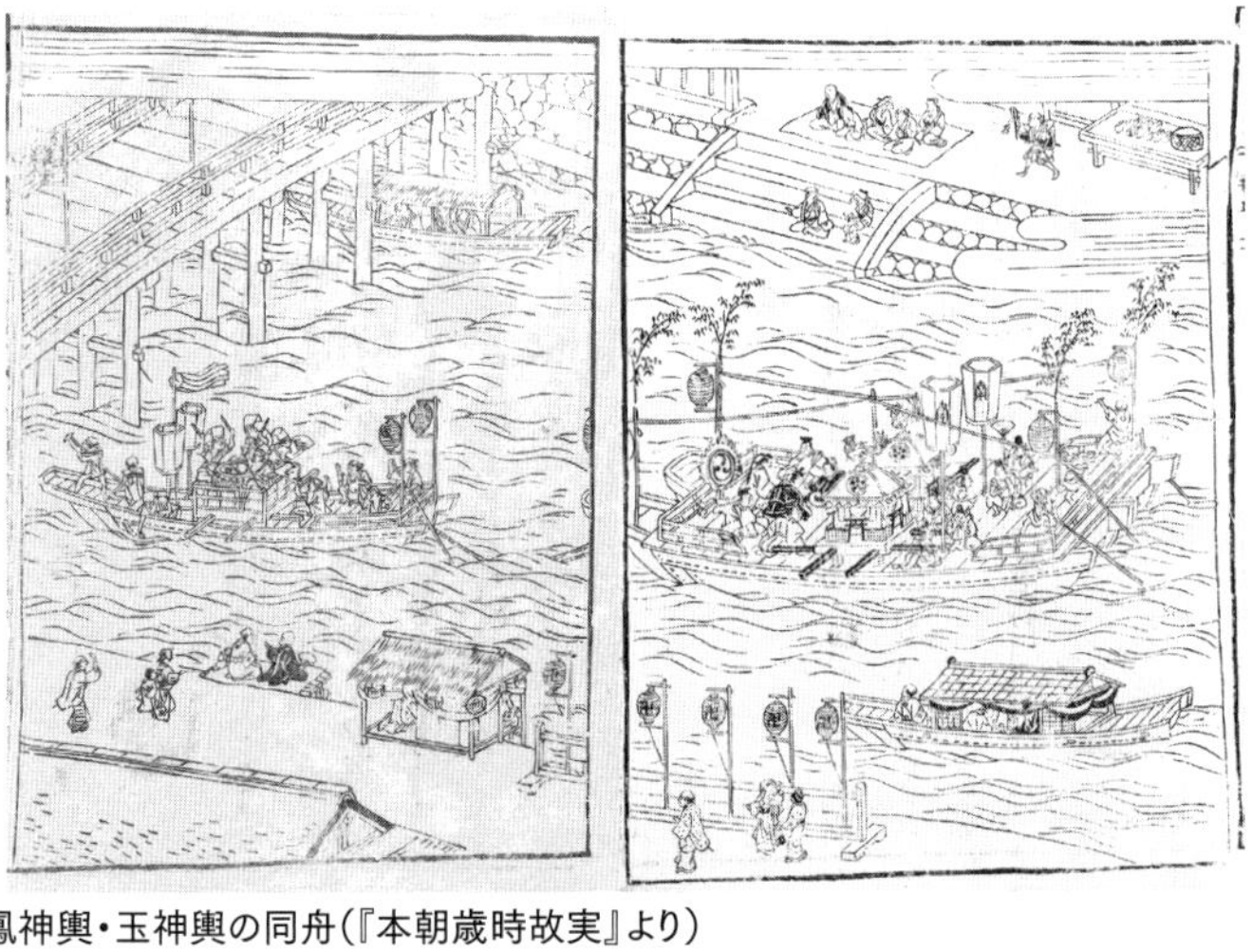

鳳神輿・玉神輿の同舟(『本朝歳時故実』より)
左頁に催し太鼓の船、右頁に両神輿の船を描く。二基の神輿とも「鳳」を冠しているのは間違い。右の一基は「玉」でなければならない。

ではありません。

ところが、延享三年（一七四六）の『本朝歳時故実』の挿図では、二艘横繋ぎの船に二基の神輿を同舟させています。第一部で紹介した五雲亭貞秀の「浪速天満祭」も同じでした。このように二基の神輿が同舟するようになった時期は不明ですが、背景には芝居における菅原道真と法性坊尊意の関係性が影響しているように思われます。

天神信仰の成立期には、天神は疫病を流行らせる恐ろしい怨霊神と信じられていました。そのため、本殿の奥深いところに祀られている日常とは違って、年に一回の渡御となると、恐ろしい祟りをもたらす荒ぶる神になるのではないかという不安も生じます。そこで、いざというときには法性坊尊意が法力で怨霊の祟りを鎮めることを期待して、天神を祀る鳳神輿のすぐ右横に法性坊尊意を祀る玉神輿を同舟させたのです。

能『菅丞相』と『雷電』

このような法性坊尊意の役割については、能『雷電』や、その影響下に作られた芝居『菅原《すがわら》伝授《でんじゅ》手習《てならい》鑑《かがみ》』によって世間に周知されていきます。以下、『雷電』と、その原作ともいえる『菅《かん》丞相《しょうじょう》』の粗筋を見ておきましょう。

『菅丞相』は、観阿弥（一三三三～一三八四）の時代に遡る作品ですが、文明十五年（一四八三）

の上演を最後に廃曲となっていました。しかし、平成十四年（二〇〇二）の「大阪天満宮御神退千百年大祭」において、天野文雄氏（大阪大学名誉教授）と大槻文蔵氏によって復曲され、天満宮本殿前の特設舞台で上演されました（次頁写真）。

それはさておき、能『雷電』は、十六世紀前半に『菅丞相』を改作して成立しました。『菅丞相』『雷電』ともに、「菅霊（菅原道真の怨霊）」と「法性坊」の対決をモチーフとしますが、そのプロットには興味深い違いが見られます。両作品を比較しながら、改作の背景を探りましょう。

まずは、復曲能『菅丞相』の粗筋から。

《前場《まえば》》菅丞相の霊（菅霊）が、延暦寺の法性坊のもとに現れ、讒言によって左遷され、一夜にして白髪となった（白髪天神伝承）ことを語るとともに、菅霊の怨念により病臥されている帝から召喚されても応えないでほしいと頼む。法性坊が三度の召喚があれば参内せざるを得ないと答えると、菅霊は怒り狂い、御供えの柘榴《ざくろ》を噛み砕いて妻戸に吐き燃え上がらせ、その炎に紛れて失せる（柘榴天神伝承）。

《後場《のちば》》法性坊は帝の御悩祈禱のために牛車で内裏へ向かうが、火雷神を従えた菅霊は鴨川・白川を氾濫させて、行く手を妨げる（尊意渡河伝承）。しかし、法性坊が諄々と師弟の道理を説くと菅霊は翻意し、牛車を内裏まで先導する。帝は平癒され、菅霊は「天満天神」

能『菅丞相』(『大阪天満宮社報』42号より)

となる。

法性坊尊意（八六六～九四〇）は、菅原道真（八四五～九〇三）より二十一歳も年少ですが、伝承では菅公の仏法の師とされています。

これを改作した能『雷電』では、《前場》にあった帝の御悩祈禱のくだりは削除し、菅霊は冤罪に陥れた殿上人たちを蹴殺すために参内します。「柘榴天神」の場面も、法性坊が印を結んで炎を消し止め、菅霊はその煙の中に失せるように改変されます。

《後場》では、「尊意渡河」の場面は削られ、雷神となった菅霊が法性坊を避けながら、内裏のあちこちに落雷して怨みを晴らそうとします。しかし、法性坊の読経によりその威力は衰え、菅霊は帝から「天満大自在天神」の神号を賜って、空高く昇って行きます。

改作の結果、菅霊の怨念の矛先が、左遷を命じた帝ではなく、冤罪に陥れた殿上人たちに向けられます。そして、『菅丞相』では、菅霊自身が翻意したのに対し、『雷電』では、法性坊の法力に祈り伏せられてしまいます。

両作品を比較された小田幸子氏は、『菅丞相』を復讐型、『雷電』を調伏型に分類しました（「天神の能」『芸能史研究』73）。しかし、『雷電』も殿上人への復讐劇ですから腑に落ちません。対比的に類型化するのなら、『菅丞相』は「翻意型」、『雷電』は「調伏型」とすべきでしょう。『雷電』に改作した意図は、菅霊が「翻意」するのではなく、法性坊によって「調伏」されたことにあるのですから。

能は、優れて政治的な芸能であり、両作品ともに当時の「延暦寺―北野天満宮」の本末関係を踏まえてこその作品でした。両作品の成立期のあいだにあたる十五世紀前半には、延暦寺支配下の酒屋と、北野天満宮の利権であった麴座の争いが起こり、結果、麴が酒造業に取り込まれて、延暦寺の勝利に終わる事件がありました（文安の麴騒動）。『雷電』が、法性坊（＝延暦寺）の優位を強調するように改作されたのは、この事件と無縁ではありません。

それはさておき、この『菅丞相』『雷電』や、その影響下に成立した文楽・歌舞伎の『菅原伝授手習鑑』などにより、菅原道真と法性坊尊意の関係性は周知でしたから、それを受けて天神祭の両神輿同舟になったと推測されます。もともと宗教と祭礼と芸能は不可分の関係にありましたから、このような推測もあながち無理筋ではないと思っています。

御鳳輦の登場

祭神の交代という大変革に加えて、渡御の際に天満天神を奉戴する乗り物にも大きな動きがありました。明治九年（一八七六）に、新しく天満天神の乗り物として「御鳳輦《ごほうれん》」が登場したのです。平安期以来の伝統の大変革です。

御鳳輦とは、天皇が行幸の際に乗られる輿《こし》をいい、屋形の上に鳳凰の像が飾られています。輿は、駕輿丁《かよちょう》（担ぎ手）が二本の轅《ながえ》（担ぎ棒）で肩に担ぐか、手で腰の高さに支えて運ぶ形式の乗り物です。

慶応四年（明治元年、一八六八）三月、明治天皇の大阪行幸にも御鳳輦が利用されました。その様子は錦絵に描かれ、大阪の人々の多くはこのとき御鳳輦を知ったと思われます。

それはともかく、新しく登場した御鳳輦には天満天神が奉戴され、渡御列の中心となりました。そして鳳神輿には野見宿禰が、玉神輿には手力雄命が載ることになりました。この祭神と乗り物の交代は、見た目には、平安期以来の伝統の大変革ですが、視点を変えてみれば、変革の前後に通底する変わらない思考があります。

それは、渡御の際に天神が荒ぶる神にならないよう鎮めるために、別の神様が付き従うという考えです。従来は法性坊尊意が付き従い、変革後は野見宿禰と手力雄命がその役目を担うことになりました。野見宿禰と手力雄命は、力自慢の強い神様ですから、「法力」が「腕力」に変

御鳳輦奉安船

向かって右が鳳神輿、左が玉神輿

わっただけで、その前後の思考はあまり変わっていません。

なお、現在の天神祭では、本殿に祀られる猿田彦大神も、御羽車（当初は網代車）に載って渡御されています。祭神四柱の出御順は、猿田彦大神（御羽車）、天満天神（御鳳輦）、野見宿禰（鳳神輿）、手力雄命（玉神輿）です。猿田彦大神が主祭神である天満天神よりも先を行くのは、いうまでもなく、瓊瓊芸命《ににぎのみこと》の天孫降臨神話において、その先導をされた神様だからです。野見宿禰・手力雄命は、かつての法性坊尊意のように天満天神に同舟はせず、そのあとにつき従います。それにしても、神話に描かれる神様の神格を踏まえた渡御の演出には感心してしまいます。

こうして、本殿の五柱のうち四柱が天満宮から出御されていると聞けば、あと一柱の蛭児尊が気になりますが、こちらは毎年正月十日の十日戎の三日（九日・十日・十一日）に、本殿から境内西北の蛭子遷殿にお遷りになります。神様の世界のこととはいえ、我々人間にも納得されやすく段取りされているようです。

昭和十二年の船渡御

明治初年に、祭神の交代と御鳳輦の登場という大きな変革を見てきましたが、戦後間もない昭和二十八年（一九五三）には、それに勝るとも劣らない大変革がありました。船渡御コースの変更です。それまで、下流の御旅所に向かっていた航路が、まったく反対の上流へ遡るコースに変更されることになりました。その経緯をみます。

昭和十二年（一九三七）に日中戦争がはじまると、その翌年から船渡御は中止され、陸渡御で松島御旅所に向かうことになりました。そこで、戦前最後の昭和十二年の陸渡御・船渡御の様子を見ておきましょう。


七月二十五日、本殿において十時から神事「夏大祭」を斎行し、十三時から「神霊移御祭（本殿のご神霊を御鳳輦に移す神事）」。十六時に陸渡御が出門するとすぐ西へ進み、天神橋筋を南へ、川岸を西進し、十八時に「若松浜御乗場」（現、鉾流祭場。天満警察署前）に到着。

十九時に船渡御が出航します。そのコースは、堂島川から木津川に入り、二十一時に左岸の大阪府工業奨励館（旧大阪府庁＝江之子島庁舎）前で上陸、徒歩で大渉橋を右岸に渡って南進、かつての尻無川に架かっていた梅本橋を東に渡ってさらに南進し、二十三時に松島御旅所（現、千代崎御旅所）に到着すると、二十三時半から「行宮祭」を斎行します。

日付が変わって還御のコースは、御旅所から北進、梅本橋を渡ってさらに北へ、大渉橋を東へ渡って北へ。工業奨励館前で乗船。あとは往路と同じ航路で若松浜で上陸。徒歩で川岸を東進、難波橋筋を北へ進み、かつて堀川に架かっていた天神小橋を東へ渡って本社に還御します。還御の時刻はおおよそ午前三時頃でしょうか。

参考までに、この年の六十七艘からなる船渡御の船列を掲げておきます。このうち傍線を引いた船は還御列にも加わる船です（四十一艘）。

①富島町曳船講　②松島郭　③松島郭　④松島郭　⑤西天満連合　⑥催太鼓　⑦催太鼓役員　⑧催太鼓舁夫　⑨催太鼓舁夫　⑩催太鼓舁夫　⑪与力町二丁目　⑫大阪粟起商組合　⑬大阪粟起商組合　⑭風雅倶楽部　⑮神酒講　⑯神酒講　⑰和楽講　⑱和楽講　⑲堂島大一組　⑳天神講　㉑天神講　㉒神木講　㉓南五花街講　㉔新町郭　㉕御供講　㉖御供講　㉗日供翠簾講　㉘御旗講　㉙御文庫講　㉚祭礼講　㉛祭礼講　㉜丑日講　㉝神衣講　㉞松風講　㉟敬神和光講　㊱関西角力協会　㊲氏子総代別火船　㊳各町世話係　㊴各町世話係　㊵盤水講　㊶雅亮会　㊷神霊奉安　網代車　㊸北浜団　㊹伶人　㊺神霊奉安　御鳳輦　㊻御鳳輦世話係　㊼御鳳輦輿丁・手輿付輿丁　㊽米穀商　㊾堂島浜　㊿久栄講　(51)菅神講　(52)神霊奉安　鳳神輿　(53)鳳神輿世話係　(54)鳳神輿輿丁　(55)鳳神輿支配　(56)神霊奉安　玉神輿　(57)玉神輿輿丁　(58)玉神輿輿丁　(59)江之子島輿護会　(60)氏地各区役所吏　(61)～(67)北小林二代目酒井栄蔵（(66)だけ傍線）

この船渡御列の中心は、いうまでもなく「神霊奉安」の㊷網代車（猿田彦大神）、㊺御鳳輦（天満天神）、(52)鳳神輿（野見宿禰）、(56)玉神輿（手力雄命）の四艘です。⑭の風雅倶楽部とは、昭和五年（一九三〇）に当時の大阪の文化人たちによって結成された講で、御迎え船にも「囃子船」を出しています。講員は、阪急の小林一三、松竹の白井松次郎、日本画家の菅楯彦、洋画家の鍋

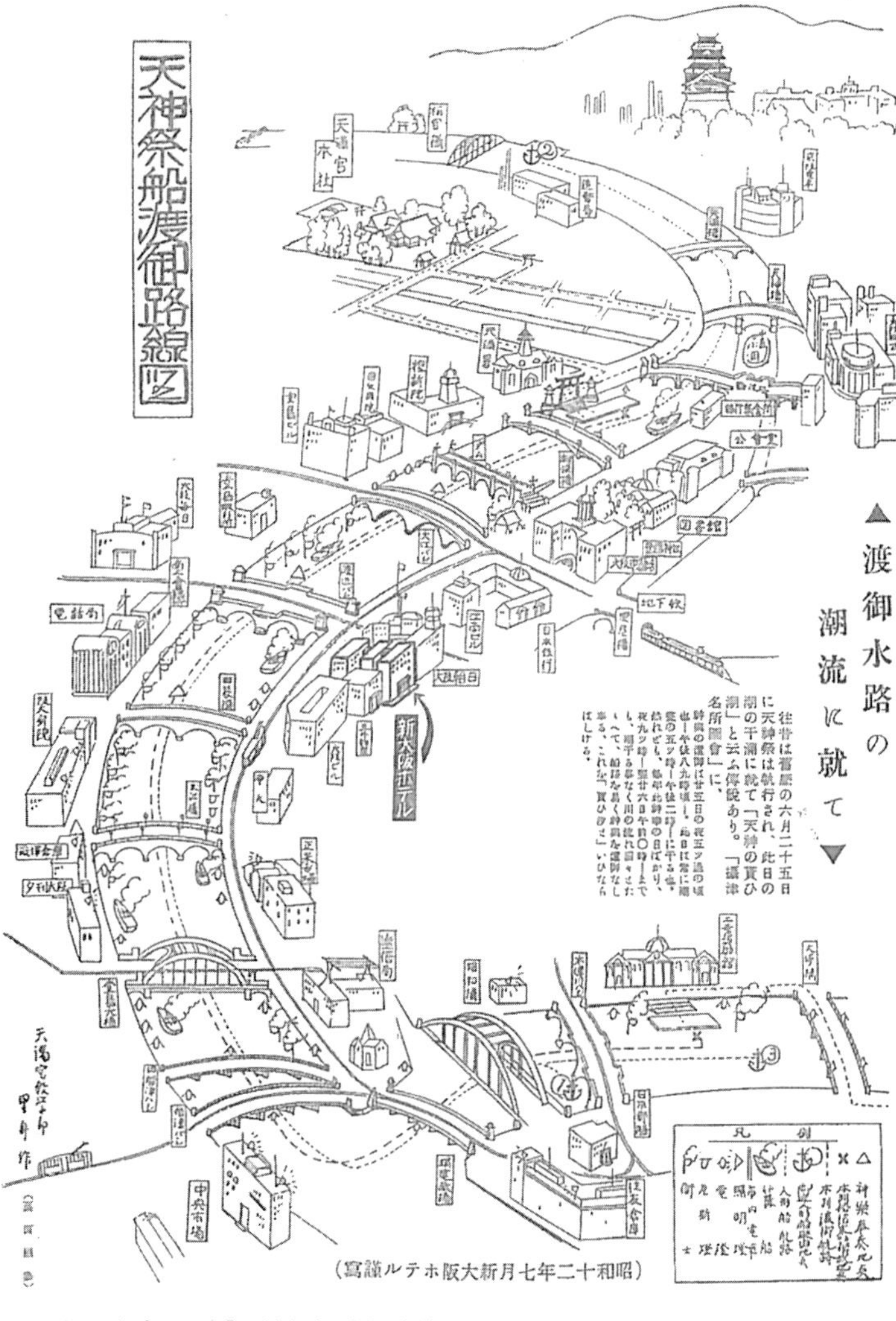

昭和12年（1937）「天神祭船渡御路線図」
新大阪ホテル作成（『大阪天満宮社報』64号より）

井克之・小出楢重、歌舞伎の初代中村雁治郎、香道の福井北勝洞ら、錚々たる顔ぶれがそろい、船の舳先には挿絵画家の山口草平が描いた「唐獅子」の幟を掲げ、歌舞伎作者の食満《けま》南北《なんぼく》が作詞・作曲した「天神船はやし」で囃し立てるという何とも豪華な船でした。

戦前の御迎え人形船
人形は「鬼若丸」(口絵参照)。

㊱の関西角力協会は日本相撲協会の内紛から独立した団体で、昭和八年（一九三三）二月に結成され十二年十二月に解散していますから、この年が最後の参加でした。以下に船を出している酒井栄蔵は、司馬遼太郎の小説『俄――浪華遊侠伝』の主人公・明石家万吉（小林佐兵衛）の二代目です。

一方の御迎え船の動きを見ます。二十五日十三時に木津川橋左岸あたりから上流に向けて出航、天神橋をはるかに超えて十四時半に桜宮橋下流の右岸（造幣局対岸）に一旦碇泊した後にUターンして、往路と同じコースで下航し、出航地より少し下流の大渉橋の上流辺りで碇泊します。江戸時代のように、船渡御列を先導するのではないようで

天神祭に参列した各界の人々
上は関西角力協会、下は北の新地の八乙女。

す。その船列は左の十二艘からなっていました。

①どんどこ船（今木町祭船会）②どんどこ船（難波島島和会）③どんどこ船（木津川三丁目）④提灯船（奉迎講）⑤囃子船（風雅倶楽部）⑥三番叟（富島町）⑦与勘平 ⑧素戔嗚尊（旧戎島町）⑨羽柴秀吉（松島町一町目）⑩野見宿禰 ⑪加藤清正（松島町二丁目）⑫加藤清正付属船（松島町二丁目）

先頭の「どんどこ船」三艘は、現在では、「どんどこ船（木場若中）」と「子どもどんどこ船（木場小若）」の二艘が、船列に加わらない列外船として自由に航行しています。

⑥の三番叟から六体の御迎え人形を飾る船が出ていますが、大正十年（一九二一）には二十九体が飾られましたから、少し寂しく感じます。

以上の他に、現在の列外船にあたる船が三十艘近く出ていました。
御献茶船　御船献茶講　別火船　奉行船　氏子総代渡御委員会船　社用船十艘　社用通船十艘　社用モーターボート二艘　救護船（宇佐美病院）

御献茶船は、渡御中の「神霊奉安　御鳳輦」に横付けし、お茶を献じる船で、起源は元禄期（一六八八～一七〇四）に中之島の西端部に位置した小倉藩（福岡県）の蔵屋敷から神輿船に献茶したことに遡ります。明治維新によって蔵屋敷が廃止されるとともに途絶えましたが、明治十七年（一八八四）に中之島七丁目の氏子たちによって復興され、現在に至っています。

昭和十五年の陸渡御

この昭和十二年の翌年からは、船渡御は中止され陸渡御で御旅所に向かっています。昭和十五年の陸渡御の様子を紹介します。

まず、七月二十五日の午前七時から「神霊移御祭」を斎行した後、八時には陸渡御列が、当然ながら徒歩で御旅所に向けて発進します。その途中、第一駐輦所（堂島米穀取引所）で休憩した後、九時に同所を発進、再び第二駐輦所（大阪府工業奨励館）で休憩の後、十時三十分に同所を発進、発進から四時間後の正午に御旅所に到着します。距離的には五キロ余りですが、二度の休憩が炎天下の陸渡御の厳しさを思わせます。この陸渡御に鳳神輿・玉神輿が渡御しなかったのは、重い大型の神輿を担いで御旅所に向かうのは無理との判断があったのでしょう。

御旅所では十三時から「行宮祭《あんぐうさい》」を斎行し、十四時には御旅所を出て帰路につかねばなりません。帰路はコースを変えて、第三駐輦所（中央市場、十五時三十分発）、第四駐輦所（北新地演舞場、十六時三十分発）での休憩を経て、天満宮に戻るのは十八時になります。それから、十八時三十分に本殿での「還御祭」によって天神祭は終わります。

真夏の朝の八時から夜の六時までの陸渡御は、かなり厳しかったようです。若者だけではなく高齢者も多い集団が、手ぶらではなく、御鳳輦などの神具を曳きながら、威儀を正しての徒歩は大変な負担だったに違いありません。

船渡御コースの変更

船渡御は昭和十三年から十一年間の中止を経て、戦後間もない昭和二十四年（一九四九）に復活しました。しかし、長年の中止による経験者不足、戦後間もなくの物資不足、しかも同年の七月二十五日が、潮の干満差が最も大きくなる旧暦六月三十日の「大潮」にあたっていたこともあり、さまざまな支障が生じました。

なかでも、より深刻な事態として、堂島川に架かる大江橋の沈下を挙げねばなりません。大江橋は御堂筋上にあるため、御堂筋の両側に建ち並ぶビル群の地下水汲み上げによる地盤沈下でした。船上に御鳳輦や鳳神輿・玉神輿などを乗せ、幟や提灯を立てた船渡御の船列も、御迎え人形を飾った御迎え船の船列も、大江橋の下をくぐるのが難しくなっていました。そのため、昭和二十五～二十七年は再び船渡御を中止し、その間に再開の方法が模索されます。通常は、船で行けないのなら、先の例のように陸渡御で御旅所に向かう決断をするように思うのですが、違いました。

夏の朝八時から夕刻六時までの陸渡御は負担が大きすぎたのでしょう。それに、鳳神輿・玉神輿が渡御できないのは大問題です。そもそも船渡御は天神祭の華ですから、それを廃止するわけにはいかない。そこで下された結論が、船渡御は下流の御旅所に向かうのではなく、遡航コースに変更されました。御旅所のない上流に向かうというのですから、大英断です。

昭和二十八年の船渡御再開に当たっては、大川上流の桜宮に仮設した水上舞殿（神楽殿）へ渡御しています。その後、次第に遡航コースは長くなり、現在では、大阪天満宮の地先にあたる天神橋北詰で乗船した船渡御は、大川上流の飛翔橋あたりまで遡行し、そこで折り返して天神橋に戻ります。従来の御旅所における神事は御鳳輦奉安船の船上で斎行しますから、神事を疎かにするわけではありません。

この船渡御コースの変更で問題となるのが、御旅所周辺からの御迎え船の存在でした。御迎え人形を飾った御迎え船が、船渡御をお迎えするために難波橋まで遡行し、そこから御迎え船

天神祭渡御順路

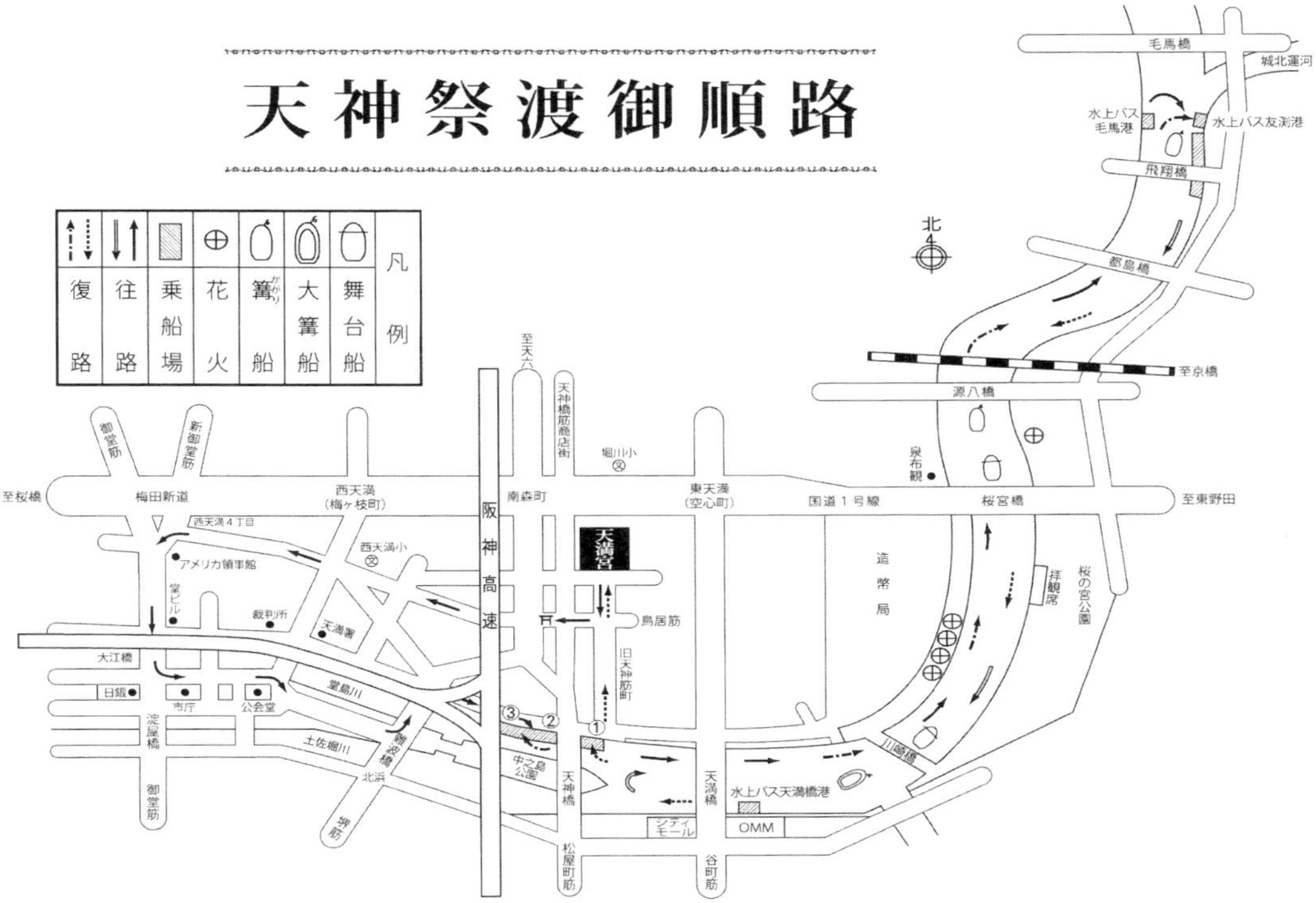

現在の陸渡御・船渡御の順路（令和6年）

の船列が船渡御の船列を先導して川を下る様子は壮観でした。

しかし、船渡御が大川を遡行することになるとそれは叶いません。そこで現在では、大川上流の飛翔橋あたりに船渡御をお迎えする「奉拝船」の船列が準備されます。二十五日の十八時に、天満宮地先の天神橋辺りから船渡御の船列（四艘の「奉安船」と、各講の「供奉船」からなります）が出航し、同時刻に飛翔橋から、企業や行政や大学が仕立てた「奉拝船」の船列が下航します。この奉拝船がかつての御迎え船にあたります。ただし、大阪府の有形民俗文化財に指定されている御迎え人形は船には乗せられないので、境内などに飾っています。

天神橋を出航した船渡御は、大川を遡行し、飛翔橋付近でUターンし、天神橋に戻ります。一方の飛翔橋から下航する奉拝船は天神橋手前でUターンして飛翔橋に戻ります。かつてのように、両船列が合流することはありませんが、それでも、神様の船渡御の船列と、それをお迎えする船列が行き交う様子は、往時の姿を伝えているようにも思えます。

それにしても、船で御旅所に向かえなくなったからといって、下航を止めて御旅所のない上流に向かうという発想には驚かされます。このような思い切った変革は、鉾流神事の復活にも通じます。神鉾を流しはするけれど、その鉾が漂着する前に拾い上げてしまう。御旅所は上流にはないけれど、船渡御は遡行する。これまで何度も変革を繰り返してきた天神祭ならではの経験が、このように柔軟な発想を可能にしたのでしょうか。

12 ❖ 本来伝統と疑似伝統

第一部を終えるにあたって、天神祭におけるさまざまな変革の意味を考えたいと思います。千年来の歴史を誇る天神祭ですが、その祭礼の本質を問い直すかのような大変革が何回も行われてきました。変革は、伝統行事にそぐわないように思われがちですが、はたして本当にそうでしょうか。天神祭の場合、変革はマイナスの影響をもたらすのではなく、不思議なほど、その後の発展に結びついています。以下、いくつかの変革を例にその様子を見ていきましょう。

鉾流神事の廃止と御旅所の常設

江戸前期に、平安時代以来の鉾流神事が廃止され、御旅所が雑喉場、のちに戎島に常設されました。それは堂島川下流への市街地拡大により、鉾が漂着した地に仮設場所を確保できなくなった事情による、やむを得ない変革でした。

しかし、その変革のお陰で、常設された御旅所周辺の町々の氏子意識を高めることになり、船渡御をお迎えする御迎え船の船列が整えられました。このやむを得ない変革があったからこそ、天神祭の華やかさを象徴する御迎え人形が登場することになりました。このように、変革によって新しい価値がスピンオフされることは珍しいことではありません。以下に、よく似た例を紹介します。

御旅所の常設後、何年か経つと戎島御旅所がそこに常設されていることが当たり前で、それこそが伝統だと受け止められていきます。変革から新しい伝統が生まれるのですが、そのためには変革後の姿が人々に違和感を与えないことが大事です。右の場合ですと、他の神社の御旅所の多くが常設だったことが挙げられます。常設後数年も経つと御旅所がそこにあるのが当たり前、他社の御旅所も常設だから、ということです。変革の結果であっても、いつの間にか伝統だと受け止められる、このような伝統を「疑似伝統」と言います。

対して、まったく変わることなく延々と伝わっておれば、それは「本来伝統」です。しかし、古くからまったく変わらなければ、時代に即応できずに滅んでしまいますから、本来伝統とは言葉だけの存在と言えるかもしれません。

昭和五年（一九三〇）、歌舞伎作者の食満南北（一八八〇〜一九五七）の発議によって、三百年近く途絶えていた鉾流神事が復活されました。松島御旅所の時代です。流した鉾が下流のどこかに漂着すれば、ご神霊は漂着地と御旅所のどちらに渡御すればいいのかわからない。そこで、流した鉾は少し下流で（漂着する前に）拾い上げます。鉾流神事の本質を省いた、形ばかりの復活と言えなくもない。しかし、この復活から数年も立てば、人々は平安時代以来の伝統行事だ

昭和5年（1930）の鉾流神事（天満警察署前）

と受け止めます。「少し中断の時期があったらしいが、古くからの伝統だろう」という感じです。復活後の新しい形式の鉾流神事も、疑似伝統として現代に引き継がれています。

やがて、毎年七月二十四日の朝に、鉾流橋北詰の祭場で斎行されると、その様子は同日の新聞夕刊やテレビの夕方のニュースで報道され、読者や視聴者に「明日は天神祭だ」と認識させることになります。形ばかりの復活だと言いましたが、結果的には、天神祭の幕開けを告げる重要な役割を担う神事となっています。

さらに、平成二十年（二〇〇八）からは、どんどこ船講が「御鳥船」なる小船を出し、流された鉾を拾い上げる役目も担うことになりました。どんどこ船講とは、木津川口近くの町々が繰り出した傳馬船を由来とする講で、陸渡御には参加せず、船渡御に唯一の手漕ぎの船で奉仕しています。

御鳥船の登場からまだ十数年しか経っていませんが、小さな和船が、太鼓を打ちながら流れる神鉾を追いかけ、拾い上げる様子は、すでに伝統です。これが和船ではなくモーターボートだったらどうでしょう。平安時代を思わせる鉾流神事の空気を打ち破ってしまいます。伝統行事であっても変革はしていい。ただし、それまでの伝統の延長線上に位置づけられるような違和感のない変革でなくてはならない。疑似伝統とは、そういうものです。

鉾流神事を終えた二十四日の午後には、どんどこ船講の本体である大きなどんどこ船が陸揚げされ、天満宮に宮入りします。拾い上げた神鉾を本殿へ返納するためです。境内に曳き込まれた巨大な和船は人々の目をくぎ付けにします。いまや、二十四日の人気のシーンとなりました。変革から生み出された新しい天神祭の魅力です。いやはや、疑似伝統の底力には驚かされます。

祭神の交代と船渡御コースの変更

法性坊尊意から野見宿禰への交代は、新政府の神仏分離政策に促された変革でした。しかし、その後の御鳳輦の登場と相まって、そこから渡御列の新しい姿が生み出されました。

現代の見物客の多くは、御鳳輦を拝みながら、千年来の歴史を誇る天神祭にふさわしい乗り物だと受け止めているようです。たった百五十年前に登場した御鳳輦なのに、天神祭が始まった平安時代から延々と曳かれているように受け止められる、これが疑似伝統です。

祭神の交代以前は、陸渡御・船渡御の中心は「天満天神（鳳神輿）」と「法性坊尊意（玉神輿）」でした。交代後の現代は、「天満天神（御鳳輦）」および「野見宿禰（鳳神輿）・手力雄命（玉神輿）・猿田彦大神（御羽車）」の四柱が出御しています。結果、現代の陸渡御・船渡御に、厳かな御鳳輦・御羽車の静と、勇ましい鳳神輿・玉神輿の動の対比が演出されることになりました。船渡御の船列のなかに、この四柱を奉戴する奉安船があればこそ、船渡御が単なる舟遊び、花火大会ではないと認識してもらうことにもなります。

昭和二十八年（一九五三）以降、船渡御は下流の御旅所には向かわず、遡航する「御鳳輦奉安船」上において「船上祭」を斎行しています。この船渡御航路の変更も地盤沈下による止むを得ない変革でしたが、そのことにより、御鳳輦奉安船上の神事は川岸・橋上の観衆の注目するところとなり、群衆はいまさらながら天神祭の神事と神賑行事の二重構造を再認識することになりました。

「古色ゆかしい」疑似伝統

以上のように、天神祭は時代の趨勢に合わせるために止むを得ない変革を重ねてきましたが、そのことによって、天神祭は伝統行事としての魅力をいっそう増してきたといえるでしょう。

卑近な例で恐縮ですが、明治九年（一八七六）に天満天神の新しい乗り物として、御鳳輦ではなく、高級車・ロールスロイスが登場しておればどうなっていたでしょう。それは渡御列に馴染まず、何年経っても伝統とはみなされない、伝統行事に異物を持ち込むだけの愚策になったはずです。

数年前のテレビ番組で、京都観光の外国人へのインタビューで、「古い歴史を感じた場所は？」という質問に、あるインバウンドは「平安神宮」と答えていました。周知のとおり、平安神宮は「遷都千百年」を記念して、明治二十八年（一八九五）に創建、その後の火災のため昭和五十四年（一九七九）に再建されました。京都には平安時代以来の歴史を伝える場所が多々あるにもかかわらず、平安神宮に最も古い歴史を感じたという。平安神宮の社殿の柱や門の朱色と緑釉《りょくゆう》瓦《がわら》の青は、奈良の都の枕詞「青丹よし」以来の色彩りです。それを近年に再現した本殿は、色彩がはげ落ちて木目丸出しになった寺社よりも古く感じる、これも疑似伝統です。

疑似伝統は「騙し」ではなく、「安心」を感じさせる工夫といえるでしょう。疑似伝統には、昨日今日に目新しく作られた建物やイベントにはない、歴史の彩りが加味された「安心」があります。ここに「安心」というとき、唐突なようですが、「即位礼正殿の儀」における天皇の装束が思い浮かびます。

平安時代以来、幕末の孝明天皇までは、天皇即位の装束は唐風の「冕服《べんぷく》（袞冕十二章服《こんべんじゅうにしょうふく》）」だったそうです。しかし、慶応四年（一八六八）八月の明治天皇の即位式から「黄櫨染御袍《こうろぜんのごほう》」に改められ、今上天皇にまで受け継がれてきました（佐野真人「即位式の装束」『鴨東通信』№109、二〇一九年九月）。「黄櫨染御袍」は、平安期の束帯装束の一種であり、そこに悠久の歴史を踏まえた「安心」を感じます。もしも、現代の即位礼が中国風の「冕服」の伝統を受け継いでいたらどうでしょう。誰もが不安になるに違いない。

伝統の変革によって生まれた新しい伝統にこそ「安心」が漂うのです。

古い伝統行事は、「古式ゆかしい伝統」などと表現されることがあります。「古色」は「古くはないけれど」古くみえる色合いのこと、「ゆかしい」は「懐しい」とも書き、なんとなく心惹かれることをいいます。ですから、「古色ゆかしい」は、古いことを言うのではなく、（古くはないけれど）古く見える様子に惹かれることを言います。実は、疑似伝統をいっているのです。

第二部

天神祭のおもてなし

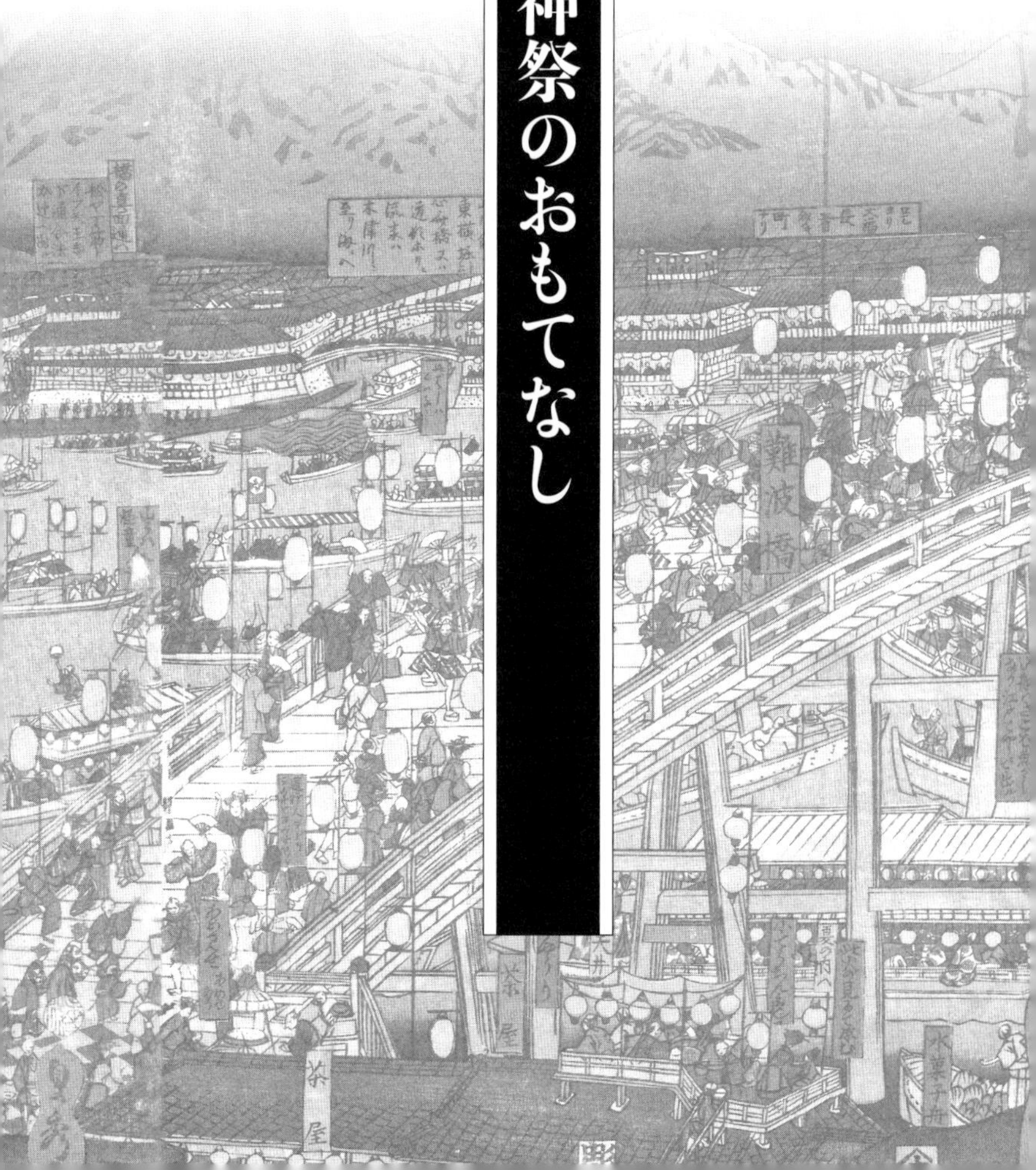

第一部では、大阪天満宮の歴史をたどりながら、天神祭の発展の様子を見てきました。その結果、天神祭は、時代の変化に対応するために、疑似伝統の知恵を踏まえて大幅な変革を繰り返しながら発展してきたことが明らかになりました。疑似伝統を踏まえることによって、伝統行事としての魅力をより増してきたともいえそうです。

第二部では、基本に立ち返って〈マツリ〉とは何かを考えます。そこで明らかになる〈マツリ〉の三重構造は、疑似伝統を可能にする基盤になっていました。

加えて、天神祭のもう一つの魅力である、「おもてなしの仕掛け」を紹介します。それは、「御迎え人形」や「お祭り提灯」に仕込まれており、先の疑似伝統とともに天神祭の魅力の両輪ともいえます。

第一章

〈マツリ〉とは何か？

1 ❖ 三種類の〈マツリ〉

〈マツリ〉の語義

まずは、〈マツリ〉の語義から確認しておきましょう。

私は天神祭について講演するとき、その冒頭で「大阪天満宮の〈マツリ〉は何日ですか？」と質問することがあります。すると、聴衆の多くが「毎年七月二十五日に決まっているのに」と不審そうな表情になる。私はそれをシメシメと受け止めながら、「七月二十五日だと思っていらっしゃいませんか？　でも、それは天神祭の日ですよね。私がお尋ねしているのは大阪天満宮の〈マツリ〉の日です」と重ねて問いかけます。そして「はい、正解は『毎日』です。天満宮は神社ですから、神主さんたちは、毎日毎日、一日も欠かさず本殿で神様を〈オマツリ〉されていますから」と種明かし。

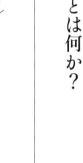

ちょっと意地悪な質問ですが、このあとに、〈マツリ〉の語義を説明するのには効果的な導入です。〈マツリ〉には、次の三種類の語義があります。

①本来の〈マツリ〉は、「たてまつる（献る・奉る）」や、「まつる（祀る・祭る）」の名詞形で、「神をまつること」、あるいは「神をまつる儀式」を指します。神霊に奉仕し、神霊を慰め祈る神事のことです。ですから、「正解は『毎日』」となります。

②しかし、私たちが「明日の〈オマツリ〉が楽しみだ」と言うような場合は、そのような意味ではありません。そこで〈マツリ〉とは、年に一度の非日常の特別な「神事」を奉祝すること、という第二の意味が浮かびます。この語義に絞るなら、天神祭の行われる「七月二十五日」が正解になります。

③さらに、神事とは無関係な商店街や大学などでも、「感謝祭」「創業祭」「大学祭」などと〈マツリ〉を謳います。ある共同体が、記念・祝賀などの名目で宣伝や集客を目的とする場合です。

年に一度の渡御

本書がテーマとする②の〈マツリ〉について、もう少し掘り下げてみましょう。まずは、「年に一度の非日常の特別な〈神事〉」の意味するところです。原則として、神様は神社の本殿奥深くに祀られており、日常的に氏子・崇敬者たちは神社に足を運んで参拝します。しかし、一年に一度だけ、本殿での神事の後に、神様は神社を出て、「氏地の平安・氏子の無事」を見守るために渡御（巡幸）されます。この日だけの特別な〈神事〉です。

すると、氏子・崇敬者たちはそのありがたい喜びの気持ちをもって、神様の先導をしたり、お供をしたりします。こうして神様を中心に渡御列ができます。その際、氏子・崇敬者たちは非日常の装束を着て、鉦や太鼓を打ち鳴らして神様のお出ましを奉祝しますので、「お祭り騒ぎ」と言われるようなにぎわいが生まれます。「明日の〈オマツリ〉が楽しみだ」というのは、このにぎわいを思い浮かべているわけですね。ですから、右の①は日常の神事、②は非日常の神事と言い換えることができます。③は、②のにぎわいにあやかろうとして生まれたスピンオフ的な語義です。

少し余談になりますが、民俗学では、日常的な生活や空間を〈褻《け》〉、非日常の特別な空間を〈晴《はれ》〉と区別します。その伝で言えば、①は「褻の神事」、②は「晴の神事」ともいえます。この〈晴〉と〈褻〉の時間論を提唱した民俗学者・柳田國男（一八七五〜一九六二）は、日本社会の近代化によって〈晴〉と〈褻〉の区別が曖昧になりつつあると指摘しました。本来は〈マツリ〉に飲む酒が毎夜の晩酌となり、特別な日の晴れ着が日常的な外出着になっているようなことです。

そして、柳田の時代よりもさらに近代化が進んだ現代においては、〈晴〉の日常化が急速に進んでいます。特に若者たちのあいだでは、〈晴〉と〈褻〉が本来の「時」ではなく「場」の区別に移行しつつあります。晴の場の典型は、ディズニーランドやユニバーサルスタジオでしょうか。

さらに、柳田以降の民俗学では〈晴〉と〈褻〉に加えて「穢《けが》れの時」が唱えられていますが、この〈穢れ〉さえも、現代では「時」ではなく、葬儀場や墓地などの「場」だと認識されているようです。自身の意志で移動・選択できる「晴の場」もいいのですが、「晴の時」を待ち焦がれるあの高揚感も忘れないでほしいものです。

2 ❖ 夏祭と秋祭

疫病退散と収穫感謝

毎年七月二十四日の天神祭の宵宮、二十五日の本宮は、当然ながら厳しい暑さのもとで行われます。国連の事務総長が「地球温暖化の時代は終わり、地球沸騰化の時代が到来した」（二〇二三年七月）と発言していました。たしかに近年の天神祭の暑さは尋常ではありません。そこで、見物客の間から漏れ聞こえてくるのが「暑すぎる！　もう少し涼しい季節に行えないのか？」という疑問の声です。年に一度しかない渡御なのだから、心地よい時期にお出ましいただきたいという気持ちはわからなくはありません。

しかし、大阪天満宮だけではなく、全国の神社に祀られる神様は、氏子たちの関心事に応えるタイミングを選んで渡御されるのです。その結果、村と町の神様では渡御の季節が異なります。村の氏子たちの関心事は、なんといっても農作物の収穫にあり、村の神様は氏子たちが収穫を終えた旧暦の十一月頃に渡御します。氏子たちは収穫感謝の気持ちでそれを奉祝する、これが「秋祭」です。秋祭の本義は、秋に行われることにあるのではなく、収穫感謝の祭りです。

一方、町の氏子たちの最大の関心事といえば、疫病の流行でした。下水道などの衛生設備が不十分な町域に多数が集住し、疫病が感染し始めたときの恐怖は大変なものでした。私たちが経験した新型コロナ禍への不安どころではなかったでしょう。そこで、町の神様は一年の半分が終わる旧暦の六月下半期の暑い季節に、疲労が重なり体調を崩さないか、疫病に感染しないか、を気にかけて渡御し、氏子たちは神様に疫病の退散を祈願します。

前近代には、いまほどの暑さではなかったでしょうが、それでも旧暦六月下旬の暑い時期に斎行しなければならなかったのは、疫病が流行しやすい季節と考えられたことによります。町と村の祭りの違いを整理しておきましょう。

夏祭　町の神様は半年が経過したころに、氏子の疲労・疾病を心配して渡御され、氏子たちは神様に疫病退散を祈願する。

秋祭　村の神様は収穫を終えた農閑期に、氏子の勤労を慰労するために渡御され、氏子たちは神様に収穫を感謝する。

夏祭と秋祭のほかにも、村には豊作を祈願する春祭を行う地方もありますが、これは秋祭の予祝的な儀礼とみて、いまは放念し、夏祭についてもう少し考えます。

大坂の夏祭

当然ながら、町における夏祭は神社ごとに行われますから、神社数の多い大きな町になればなるほど、夏祭の数も増えます。江戸時代の大坂における主な夏祭を次に挙げます。江戸中期の関宿《せきやど》藩（千葉県）の藩士・池田正樹が大坂に赴任した際の記録『難波噺』には、神社名と祭日（旧暦）が記録されています（カッコ内は、現在の神社名）。

六月十三日・十四日　難波祇園祭礼（難波八阪神社）
　十四日・十五日　島之内八幡宮（御津宮）
十六日・十七日　御霊宮（御霊神社）
十七日・十八日　高津宮（高津宮）
二十日・二十一日　博労稲荷（難波神社）
二十一日・二十二日　座摩宮（坐摩神社）

二十四日・二十五日　天満天神（大阪天満宮）
二十七日・二十八日　生玉明神（生國魂神社）・森の宮（鵲森宮）
二十九日・三十日　玉造稲荷（玉造稲荷神社）・住吉祭（住吉大社）

六月下半期の大坂は「毎日がお祭り」でした。夏祭がこの時期に集中したのは、古代から宮中で行われていた天下万民の罪穢を祓う「大祓」の影響もあります。「大祓」とは、古くから宮中で行われていた六月晦日の「夏越《なごし》の祓」と、十二月晦日の「年越しの祓」をいいます。両日ともに、暑さ寒さの厳しい時期に設定されているのは、人間や植物の「気（万物生成の根源力）」が衰弱する気候で、さまざまな災異がもたらされやすいという考えによります。

宮中の「大祓」は、応仁の乱（一四六七〜一四七七年）後に廃絶しますが、その伝統は、各地の神社に年中行事として受け継がれています。特に六月晦日の「夏越の祓」は「水無月《みなづき》の祓」とも言い、災厄除けの神道儀礼として、茅の輪をくぐったり、水辺で祓をしたりし、その様子は、今も季節の風物詩として報道されています。天神祭の「鉾流神事」が水辺で神鉾を流すことにも通底するようです。

ところで、右の祭日一覧を見ると、示し合わせたように各社とも、祭日は二日にまたがっています。一日目が「宵宮」、二日目が「本宮」ですが、この宵宮を祭礼の「前夜」と理解する向きも多いようです。しかし、その由来を紐解くと、少しニュアンスが異なります。現代では日付の変わり目を深夜零時としますが、古代には夕刻から一日が始まると理解していました。夕刻から「神の時間」である夜になり、日の出とともに「人間の時間」である昼に変わるという理解です。古代の一日の時間の推移は次のような認識です。

夜（夕べ→宵→夜半→暁→朝《あした》）→昼（朝《あさ》→昼→夕）

ですから、私たちが祭りの「前夜」だと理解している宵宮は、本来は祭礼当日の夜にあたります。各神社の祭りが二日にまたがって斎行されるのはそのためです。これはクリスマス・イブも同じです。古いユダヤ暦では、十二月二十四日の日没から二十五日の日没前までが一日でしたから、クリスマス・イブは、正しくはクリスマス当日の夕刻に当たります。

3 ❖ 日本三大祭と〈マツリ〉の三重構造

日本三大祭

話を天神祭に戻します。江戸後期の浮世絵師で、読本作者でもあった速水春暁斎《はやみしゅんぎょうさい》（一七六七～一八二三）の遺稿『大日本年中行事大全』（一八三二年、早稲田大学所蔵）は、六月二十五日の項に天神祭を紹介しています。

天満祭大坂にあり、祭神・天満天神、村上帝、天暦年中詔を奉じて勧請、今朝御迎船数十艘、難波橋に来る、神輿これより舟にて戎島の旅所に渡御、同夜還幸、見物数万の舟にて群をなし、弦鼓の音天に響き、火炮《はなび》、爰彼《ここかしこ》より空に揚り、数万の挑灯《ちょうちん》空を焦《こが》すがごとく、市中に車楽《だんじり》を出す、京の祇園・江戸の山王・大坂の天満祭、これを三大祭といふ

冒頭の「天満祭」は、いうまでもなく天神祭のことです。第一部で紹介した歌川貞秀（一八〇七～一八七九）の『浪速天満祭』（一八五九年）も、「天満祭」の名で天神祭を鳥瞰していました。ここに春暁斎が記す数万の見物客に見守られる船渡御の様子も興味深いのですが、いまは文末の「三大祭」にこだわります。

ここに「江戸の山王（祭）」とあることについては、江戸・東京の祭りは「神田祭」のはずだと思われる方もいるでしょうね。最近は、そのように報道されることもありますから。しかし、山王祭と神田祭は、それぞれが隔年に本祭と陰祭（小祭）を交互に斎行します。十二支の子・寅・辰・午・申・戌の年には山王祭が本祭、神田祭が陰祭、丑・卯・巳・未・酉・亥の年は神田祭が本祭、山王祭が陰祭という具合です。西暦の隅数年には山王祭が本祭で三大祭、奇数年には神田祭が本祭で三大祭となります。

本書の関心は、大坂の数ある祭りのうち、なぜ天神祭が日本三大祭の一つに数えられるまで

に発展したのかにあります。先に紹介したように、大坂の神社ではさまざまな夏祭が行われていましたが、それらの中で、なぜ天神祭が段違いのにぎわいを見せたのでしょうか。

が、その前に、また余談を少し。私は天神祭を「三大祭」の一つというのはあまり好きではありません。そもそも「三大〇〇」という場合、断トツの一番が言うのではなく、一番にかこつけて、二番手あるいは三番手が唱えることが多いように感じるからです。卑近な例で恐縮ですが、「世界三大美女」といえば、日本では「クレオパトラ・楊貴妃・小野小町」ですが、はたして日本以外の国々で小野小町を知る人はどれだけいるのでしょう。どう考えても、クレオパトラと楊貴妃にあやかりたいだけでしかない。また「日本三名山」といえば、「富士山・白山・立山」を指しますが、日本一の富士山を賞するのに、わざわざ「日本三名山に数えられる富士山」とは言わないでしょう。というわけで、天神祭を「三大祭」というのは好きではありません。

〈マツリ〉の三重構造

本節では、天神祭だけではなく、一般的な祭礼にも通じる祭礼の基本構造をみておきます。先に〈マツリ〉の語義には、①神社で日常的に行われている神事と、②天神祭のような非日常の神事と、③の感謝祭のような非神事の〈マツリ〉があると説明しました。このうち、本書がテーマとする②の〈マツリ〉は、次のような三重の構造を想定することで、その本質が見えやすくなります。

　まず三重円の中心円は、神職が奉仕する神事です。天神祭で言えば、七月二十五日午後三時からの神事「本宮祭」における「神霊移御《いぎょ》の儀」によって、本殿内の神様は拝殿前に止め置かれた「御鳳輦」に遷られ、渡御が発進、渡御を終えた後の午後十時頃、再び本殿にお戻りになり「還御祭」が行われます。

　常日頃は本殿の奥深くに祀られている神様が、一年に一日だけ「氏地の平安・氏子の無事」を見守るために本殿を出て渡御（巡幸）されますと、氏子・崇敬者たちは「これは目出度い、有難い、先導しよう、お供しよう」と渡御列を組み、鉦や太鼓で囃して奉祝します。船渡御では奉納花火も打ち上げられます。このような氏子・崇敬者による奉祝行事を「神賑《しんしん》行事」と言います（「神賑」は「かみにぎわい」とも読みます）。天神祭で言えば、三十ほどの「講」と呼ばれる氏子集団が、この神賑行事を奉仕します。これが三重円の内円です。

〈マツリ〉の三重構造

　こうして、厳かな中心円の神事と、賑々しい内円の神賑行事によって、静と動の対比が生まれます。それは、氏子・崇敬者だけではなく、他地域の数多くの人々の興味関心を引き、天神祭の場合で言えば、一晩に百三十万人もが群参することになります。これらのなかには、天神祭の本義を踏まえて、神様を奉戴する御鳳輦を拝む方もおれば、天神祭の意味を知らないまま、奉納花火を理解しないまま花火大会だと勘違いして楽しむ群衆もいますが、これらが外円の「崇敬・観光行事」を形成します。

祭礼は、このような「神事─神賑行事─崇敬・観光行事」の三重構造を持ちますが、その三重円がバランスよくそろっている祭礼は意外に少なく、都市の祭礼、すなわち夏祭に偏っているようです。

地域によっては、外来者による「崇敬・観光行事」は望めず、「神事─神賑神事」だけの二重構造の祭礼が少なくありません。宮司が常駐しない神社も多くなりましたから、その場合は、他社と兼務する宮司が年一回の神事を奉仕することになり、その神賑行事は寂しいものにならざるを得ません。

そういえば、一昨年の報道によると、兵庫県には神社が三、八一四社もあるのに、宮司は三五五人しかいないそうです（『神戸新聞』二〇二二年五月十四日）。単純計算すれば、宮司一人が一〇・七社を兼務しなければなりません。三重構造を満たしている祭礼のほうが極めて珍しいことがわかります。

その一方、先に紹介した③の非神事の〈マツリ〉は、中心円の「神事」を欠いたドーナッツ型の二重構造だといえるでしょう。内円の神賑行事にあたるのが、町おこしの団体による「〇〇まつり」のような企画・行事であり、商店街の大売出しなのですが、それを目当ての見物客・買物客が「崇敬・観光行事」の外円に相当するわけです。つまり、③非神事の〈マツリ〉は、②の非日常の神事の「神賑行事」のにぎわいを再現したいとの願いから、「まつり」を称していることがわかります。

さて、ここからが肝心ですが、第一部で論じた疑似伝統の変革は、この三重構造を踏まえればこそ、氏子・崇敬者たちが受け入れやすかったのです。

ここで興味深いことが見えてきます。それは、変革の多くが神賑行事において行われていることです。なかには、法性坊尊意の廃祀や祭日の変更という神事そのものに関わる変更もありましたが、それは国家政策によるやむを得ない変更でした。それ以外は、神賑行事の枠内での変革です。

結果、神職による、崇敬の対象としての「変わらない神事」と、氏子・崇敬者による、時代に応じて賑々しさを生み出す「変革を繰り返す神賑行事」の対比があればこそ、疑似伝統の変革は人々に受容されやすかったということです。

第二章

おもてなしの仕掛け

1 ❖ 御迎え人形の場合

大坂町人と御迎え人形

三重構造における「変わらない神事」と、「変革を繰り返す神賑行事」の対比は、「厳粛な静」と「華やかな動」を生み、それが天神祭の魅力を増しました。結果、天神祭には多くの見物客が群参し、賑々しい「崇敬・観光行事」を充実させます。そこで、大坂町人たちは、外来の見物客に楽しんでもらうため、おもてなしを考えました。単に見物だけして帰ってもらうのでは申し訳ないというサービス精神です。

まずは、御迎え人形に施されたおもてなしの仕掛けを見てみましょう。

第一部で、御迎え人形には疱瘡神のキャラクターが少なくないことを指摘しましたが、それ以上に多いのが芝居の登場人物を模した人形です。御迎え人形が登場した元禄期の大坂では、町人文芸の成熟に伴い、能や文楽（人形浄瑠璃）・歌舞伎などが隆盛を極めました。その風土を背景に登場した人形が、芝居に題材を求めたのも当然のことでしょう。

現存する御迎え人形は、二メートル余の大型人形ですが、その細工人には、大江卯兵衛（一七七二〜一七八一）を始めとする「大江」姓の人形師たちが多く、彼らは「大江のからくり」と呼ばれたからくり人形の細工人でした。大江宗七・柳文三などは、当時の浄瑠璃番付にも載る有名人です。

ですから、御迎え人形は文楽人形と同じように、その手足や頭などを動かせるカラクリが施されていました。乗船客が見守る中、芝居の一場面を彷彿とさせるように見栄を切り、やんやの喝采を浴びました。

いくつかの人形の出自をみておきましょう。「5　安倍保名」は江戸中期に人気を博した芝居『蘆屋道満大内鑑』の登場人物で、「6　与勘平」はその家臣、「31　葛の葉」はその妻です。この保名と、信太の森の狐「葛の葉」との間に生まれたのが陰陽師・安倍晴明だという設定です（数字は九八〜一〇一頁に掲げた『御迎船人形図会』の番号）。

「8　関羽」は、現代では『三国志』の登場人物として知られますが、江戸時代には、芝居『閏月仁景清《うるうづきににんかげきよ》』でお馴染みでした。「10　鬼若丸」は、芝居『鬼一法眼三略巻』に登場する武蔵坊弁慶の幼名、「25　奴照平」は南北朝時代の武将・楠正儀《くすのきまさのり》の芝居『太平記菊水之巻』中で

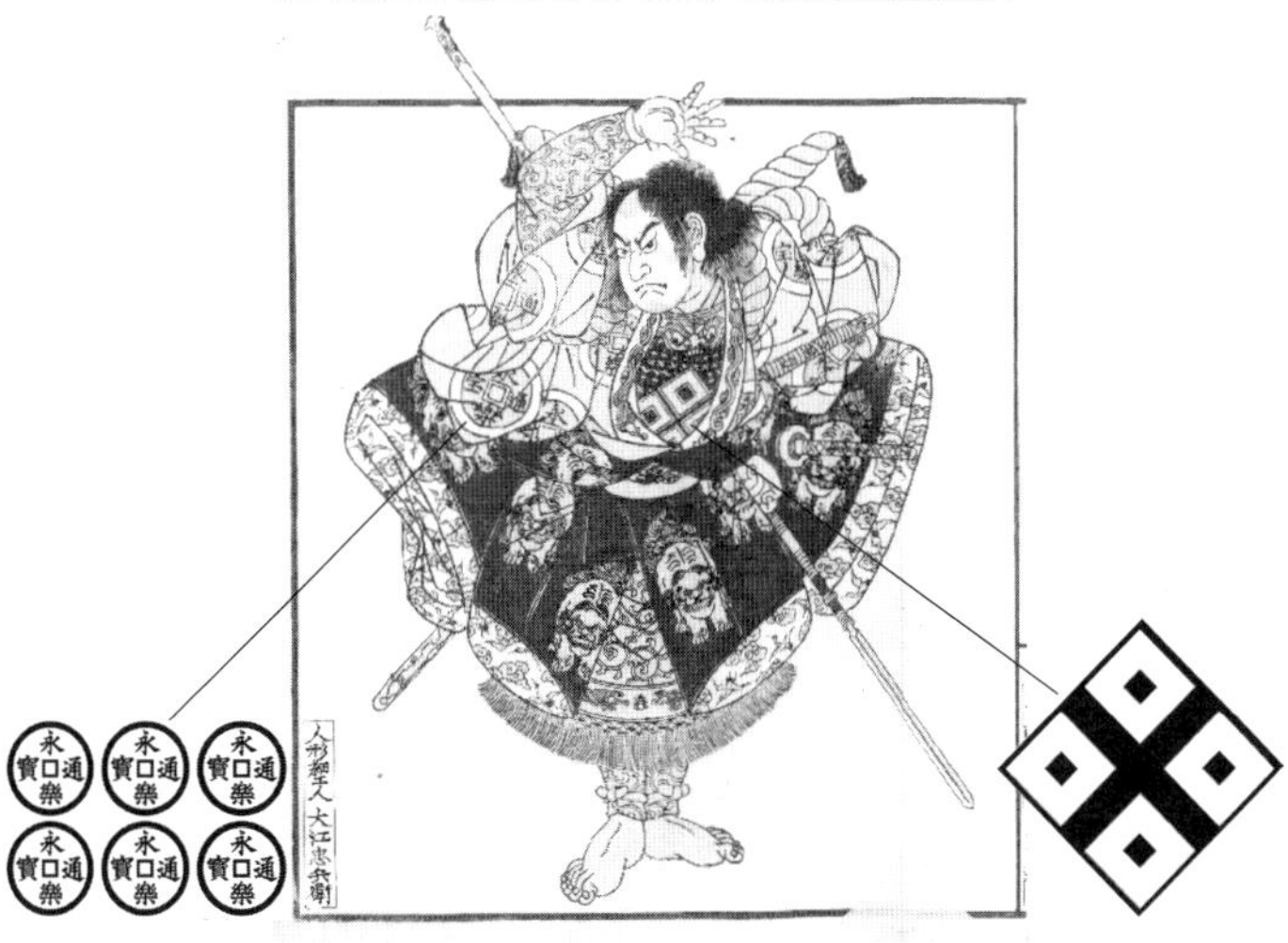

御迎え人形「佐々木高綱」
佐々木高綱は芝居『近江源氏先陣館』に登場するが、実は真田幸村でもある。胸板には佐々木家の「四ツ目」の紋がみえるが、襦袢の模様には「永楽通宝」を散らし、真田家の「六文銭」を匂わせている。

の名前という具合に、たとえ歴史上の人物であっても、人形は芝居の登場人物から採られています。

　興味深いのは、「23　佐々木高綱」です。高綱（一一六〇～一二一四）は、平安末期から鎌倉初期に実在した武将です。『平家物語』に記録されている梶原景季（一一六二～一二〇〇）との宇治川の先陣争いのエピソードで有名でした。

　しかし、芝居に登場する高綱は、実は真田幸村でもありました。というのは、江戸時代に「大坂の陣」を舞台化するにあたっては、時代を鎌倉時代に仮託した芝居『近江源氏先陣館』や『鎌倉三代記』として公演され、その登場人物も、徳川家康は北条時政に、豊臣秀頼は源頼家に擬され、大坂町人に人気の豊臣方の猛将・真田幸村は佐々木高綱として登場しました。ですから、高綱の胸板には佐々木家の「四ッ目」の紋がみえますが、襦袢の模様には「永楽通宝」を散らしています。いうまでもなく真田家の「六文銭」を匂わせる工夫です。幕府に忖度しつつ、大坂町人への心憎いメッセージだったということです。

御迎え人形の芝居談義

御迎え人形は、御旅所のある戎島周辺の町々から堂島川・大川を遡航する御迎え船に飾られました。しかし、船上の御迎え人形を川岸から遠目に眺めるだけでは十分に楽しめません。佐々木高綱の紋などもみえない。そこで、人形を所有する町々では、本宮の数日前から町角に立てて人形を披露しました。いわば、天神祭のプレイベントとしての「御迎え人形巡り」といえるでしょう。豪華絢爛の人形が間近に楽しめるとあって、各地から群衆が訪れました。

人形を飾る町々には、自分たちの人形がどの芝居のどの場面を再現しているかを話したくてうずうずする芝居好きたちが大勢いたに違いありません。そこに、芝居通の見物客も訪れるのですから侃々諤々、芝居談義に花が咲きます。

たとえば、佐々木高綱の人形の前では、「永楽通宝」の由来について解説したい芝居好きがいたに違いない。芝居『閏月仁景清』の「関羽」は、見事な髯《ひげ》（頰のヒゲ）をはやし、「美髯公《びぜんこう》」

とも称されました。その髯を再現した人形の前では、思わず「立派な髯やな」とつぶやく客がおり、耳ざとい地元の芝居好きが、待ってましたとばかりに「これはな、関羽が自慢の髯をしごきながら見得を切る『関羽見得』の型を再現したんやで」と教えて得意顔。

「源九郎狐」は、『義経千本桜』に登場します。「義経の家来の佐藤忠信に化けて、親狐の皮を張った『初音の鼓』を持つ静御前を守護したキツネやで」と自慢げに説明する人もいたはずです。「朝比奈三郎」は、「曽我物」と呼ばれる芝居における活躍はあまりにも有名でした。「朝比奈家の家紋は鶴の丸・舞鶴やったかな」と尋ねれば、「いやいや、この長袴に描かれた鶴の丸の紋はな、初世の中村伝九郎が、朝比奈を初演したときに、自家の替紋『鶴の丸』を使《つこ》うて大当たりをとったんや。それからの朝比奈役は、みんなこの鶴の丸を付けるようになったんやで」と答える人がいる。

あるいは「濡髪長五郎」の前では、地元民と見物客の間で、芝居『双蝶々曲輪日記《ふたつちょうちょうくるわにっき》』の話になり、「喧嘩好きの長五郎は怪我をせんように、額に濡紙を巻いていたんやから、『濡髪』やなく『濡紙』と書くべきやな」というようなお為ごかしの蘊蓄《うんちく》を傾けたかもしれません。

このように、芝居好きだった大坂町人たちにとって、芝居の一場面を再現した御迎え人形は、神様の巡幸を奉祝するためだけではなく、そこに群集する人々のコミュニケーションを誘発する役割を果たしていたのです。遠来の見物客も、地元民との会話で大坂の芝居文化に触れた気がしたはずです。見物だけではなく、芝居についての談論風発を楽しみましょうという、大坂町人たちのサービス精神がうかがえます。

正遷宮の御迎え人形

しかしながら、天神祭に先駆けての「御迎え人形巡り」は、天満や船場の人々にすれば、戎島御旅所周辺まで出かけて町々を巡り、そのすべての人形を楽しむのはなかなかの労力でした。そこで、二十五年ごとに行われる天満宮の式年大祭や、正遷宮には、御迎え人形を天満宮の境内や境外に飾り、親しみやすい遊興空間を工夫しました。

弘化二年（一八四五）の正遷宮に作られた「人形拝見道しるべ」をみると、天満宮境内に五体、その周辺に二十四体の人形が展示されており、容易にそのすべてを巡ることができます。加えて、天神橋北詰の東側の天満青物市場には、蜆の貝殻で造った「市場藤の棚」、西側の市の側には紙製の「牡丹の花壇」が飾られていました。

先の『天満宮御神事　御迎船人形図会』も、この年の正遷宮を機に刊行されたものでした。その翌年には戎島御旅所においても正遷宮が行われ、これに合わせて発行された「御迎船人形町道しるべ」では、御旅所周辺に二十九体の御迎え人形が展示されたほかに、「〇大くじら　〇たこ　〇絵馬堂　〇土細工天神　〇建いし　其余つくり物いろ〳〵数多し」の注記がみえます。

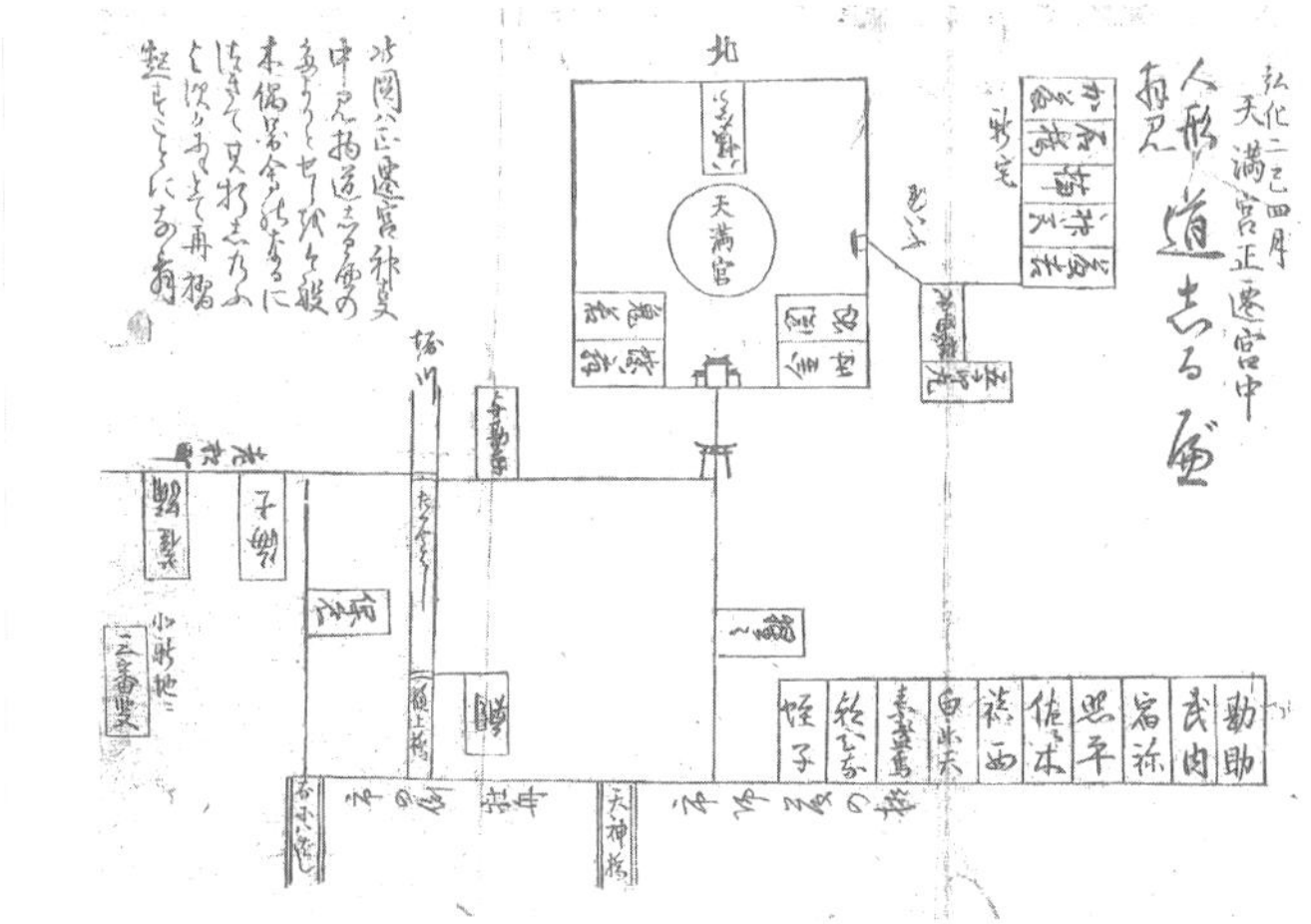

「人形拝見道しるべ」
天満宮境内に5体、その周辺に24体の人形が展示されている。

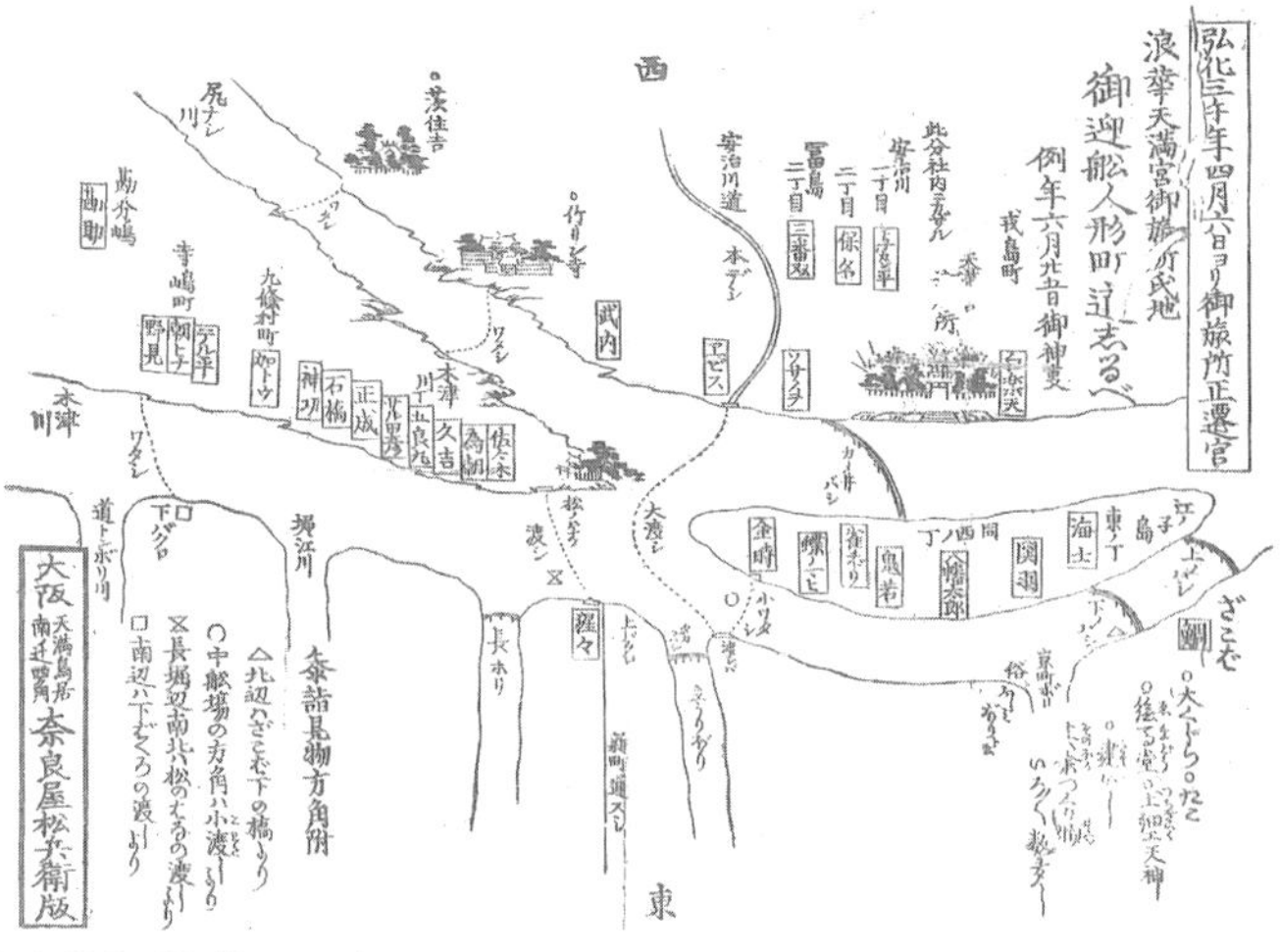

「御迎船人形町道しるべ」
御旅所周辺に29体の御迎え人形が展示されたほか、「大くじら、たこ、絵馬堂、土細工天神、建いし、其余つくり物いろいろ数多し」の注記がみえる。

これらは、先の「藤の棚」「牡丹の花壇」と同じく造り物と呼ばれました（造り物については後述します）。

天神祭だけではなく、正遷宮などで御迎え人形を身近に楽しめる機会が増えると、次のような面白い伝承も生まれました。

天満青物市場の銭屋孫兵衛の娘おさわは、市之側の町角に飾られた御迎え人形「安倍保名」の妖艶な容姿に心を奪われ、恋煩いのため床に臥せてしまった。そこで、孫兵衛は人形を所有する安治川二丁目に懇願して、銭屋の店先に「保名」を飾り付けたところ、おさわは快癒した。

この伝承の真偽のほどはわかりませんが、御迎え人形の人気を物語る伝承として紹介しておきましょう。

補注：現存する御迎え人形十六体は、大阪府の有形民俗文化財に指定されており、船には飾っていません。その代わりに、天満宮境内ほか、数カ所（大阪くらしの今昔館、帝国ホテル大阪、大阪アメニティパーク・花外楼など）に人形を飾って、御迎え人形スタンプラリーを行っています。江戸時代の御迎え人形巡りの再現です。

2 ❖ お祭り提灯の場合

町内揃えのお祭り提灯

天神祭が近づくと、氏地の町々では各戸の軒先にお祭り提灯を吊るし、各町角には屋根よりも高く「辻合い提灯」が掲げられました。本来は神聖な浄火を奉納する「御神灯」の意味を持ちましたが、街灯もなかった時代には、祭礼に集う人々の足元を照らす実用的な役割も大きかったようです。

お祭り提灯の裏表には、町ごとに定められた神様への表慶的な文字や紋章が、趣向を凝らした字体で記され、「揃い提灯」とも呼ばれました。しかしながら、近年は町ごとの文字を見かけることは少なくなり、代わりに「御神燈」や「献燈」などと墨書した規格品が主流になりつつあるのは寂しいことです。

江戸時代の提灯が町内ごとにデザインを統一していたことは、天保四年（一八三三）六月の南米屋町（大阪市中央区）の「町内申合式目」によって知ることができます。

　祭り挑灯《ちょうちん》、町内揃えに致し相渡し候間、その手元にて損じ候はゝ張り替えなされるべく候、もっとも変宅の節は丁（町）内へ返し申されるべく事

（『大阪の町式目』大阪市史編纂所、一九九一年）

お祭り提灯は町から各戸へ貸し与え、各戸の責任で修理し、町外へ引っ越すときは町に返却することになっていたのです。

判読不能の文字

大阪における町内ごとの揃提灯に記されたオリジナルな文字や紋章については、藤里好古の『大阪夏祭　提燈考』（上方叢書第壱編、一九三八年）が市内八区九十四ヵ町のお祭り提灯を図入りで紹介しています。

お祭り提灯で町域がわかるといいましたが、そこに書かれた文字は、実に読みにくい、場合によってはまったく判読できない書体で記されています。もちろん、平凡な楷書もまれにありますが、判読しがたい篆書《てんしょ》や隷書《れいしょ》などの書体が多くみられます。しかも、その文字が、儒教の経典などから採られているとなれば、仮に判読できても、よほどの教養がなければ意味がわからないでしょう。

試しに、市之側（天神橋北詰めから、西方の太平橋までの浜通り）の提灯を掲げておきましょう。いかがですか、なんとも厄介な字体で読みづらいものですが、それは江戸時代の町人たちにとっても同じでした。

市之側を通りかかった祭りの見物客は、提灯を見上げながら「なんて読むんやろう？」と気になって仕方がない。ちょうど軒下の床几で同家のお年寄りが夕涼みをしている。「すんません。この提灯、なんて書いたぁりますねん？」と尋ねると、お年寄りは待ってましたとばかりに、「あぁ、これなぁ、表は〈えいしゃく〉、裏は〈そいん〉ですねん」と教えてくれる。「えいしゃく？　そいん？　どんな漢字ですねん？」と問えば、お年寄りはかねて用意の『詩経』を取り出して、「ほら、ここに載ってまっしゃろ」と「君子萬年、永錫祚胤」の字句を指さすが、これまた難しい。お年寄りは「くんしばんねん、えいしゃくそいん」と読みまんねん。祚は「福禄」、胤は「子孫」のことやから、君子の長寿を祈り、長く子孫の繁栄を願うちゅうような意味でんな」と得意顔。「よう、そんな難しいこと知ってはりまんな」「死んだ父親《てておや》がね、ここに座ってたら、絶対に誰かが聞いてくるから覚えとけちゅうて、教えてくれたんですわ」と嬉しそう。ここまで来れば二人は旧知の仲のよう、どんどん会話がひろがります。

市之側のお祭り提灯「永錫」「祚胤」

たとえ、現代よりも四書五経の教養が重視されていた時代であっても、このように読み難い篆書、隷書から、その出典を思い浮かべることは至難の業だったはずです。さきにお祭り提灯が持つ「奉納」と「実用」の二つの意味を指摘しましたが、実はこの読みにくさにこそ、お祭り提灯の第三の重要な意味があったのです。それは先の御迎え人形と同じく、この難読文字のお祭り提灯も、他所から来た祭り見物の客が思わず尋ねたくなるように計ったおもてなしの仕掛けだったということです。

市之側から近くの樽屋町（大阪市北区西天満三丁目）へ歩けば、お祭り提灯には「尊木」と記されている。これは誰でも読める墨書なのですが、意味不明。そこで「尊木って、どんな意味ですねん？」と問えば、「あぁ、これなぁ、ここは樽屋町やから、『樽』の偏と旁に別けて書いてまんねん」「おもろいなぁ！　どんな難しい漢文から採ったんやろと考えてしまいましたがな」と、ここではお笑い好きの会話が弾みます。

このように、判読しにくい提灯を吊しておくと、文字の説明から、時には出典の意味、そこから祭りの由来まで、さまざまな会話が弾みます。お祭り提灯も、地元民と見物客とのコミュニケーションを引き起こすための装置だというわけです。

3 ❖ 造り物の場合

造り物とは何か？

弘化二年（一八四五）の正遷宮には、御迎え人形だけではなく、蜆の貝殻で作られた「藤棚」

や、紙製の「牡丹の花壇」が飾られたことを先に紹介しました。

この「藤棚」や「牡丹の花壇」は、江戸時代に流行った「造り物」と呼ばれる造形物の一種です。まずは「造り物とは何か？」を説明したあとに、そこにみられるおもてなしの仕掛けをみることにしましょう。

造り物については、西岡陽子「造り物概観――西日本を中心に」（福原敏男編『造り物の文化史――歴史・民俗・多様性』勉誠出版、二〇一四年）が次のように言っています。

> 造り物の造形的な類型は（中略）、一種類の道具類を組み合わせて置物風に作るものと、背景とともに藁や紙などで人形を作り、歌舞伎などの場面を作るものとに大きく分けることができる。

右の二類型のうち、前者は一般的に「一式飾り」といい、後者は「人形づくり」と呼ばれます。「一式飾り」とは、日常的な用品や食品などから、たとえば陶器一式や、乾物一式というような一種類だけの素材で製作した造形物をいいます。蜆の貝殻で造った「藤棚」も、紙だけで造った「牡丹の花壇」もこの「一式飾り」です。「人形づくり」は、さまざまな素材でこしらえた人形で、芝居の一場面などを表現しました。

とはいっても、このような定義や類型に当てはめるために造るわけではありません。平成十七年（二〇〇五）まで「ひらかたパーク」（大阪府枚方市）で開催されていた「ひらかた大菊人形展」や、火防陶器神社（坐摩神社の末社。大阪市中央区）の「瀬戸物細工の人形（陶器人形）」などは、菊花や陶器の一式飾りであると同時に、人形づくりともいえます。その一方、天神祭の「御迎え人形」は、芝居の一場面を再現しますが、プロの文楽の人形師らが造り、本物の衣装を着せますから、「藁や紙などで人形を作り」の説明になじみません。

造り物の起源

「一式飾り」は、神社の正遷宮などに、銭を素材とした「一式飾り」として奉納したのが起源です。現代でも時折見かける、五円玉の「宝船」や「五重塔」はその延長線上にあります。その趣旨は、日常的に使用する「褻《け》の銭」と、奉納時の「晴《はれ》の銭」の差別化でした。晴と褻の銭の差別化は、現代でも、祝儀などを手渡すときに、紙幣を封筒に入れたり懐紙に包んだりし、その準備がないときには、「裸の（お金の）ままで失礼」と詫びるのに通じます。

一式飾りの記録上の古い記録としては、寛延二年（一七四九）に江戸・不忍池弁財天に出品された「文銭で拵えた蛇」があります。やがて、銭以外の材料を使ったさまざまな造り物が派生していきますが、それでも銭の造り物は根強い人気でした。大阪天満宮では、享和元年（一八〇二）の正遷宮に、氏地各町が工夫を凝らした「紙細工の関羽」「乾物の唐獅子」など六十一種もの造り物を飾ったなかに、銭一式の「牛」や「渡唐天神」「花籠」「梅ノ鉢植」「花たて」「つゝみニたいこ（鼓に太鼓）」などもみられます。

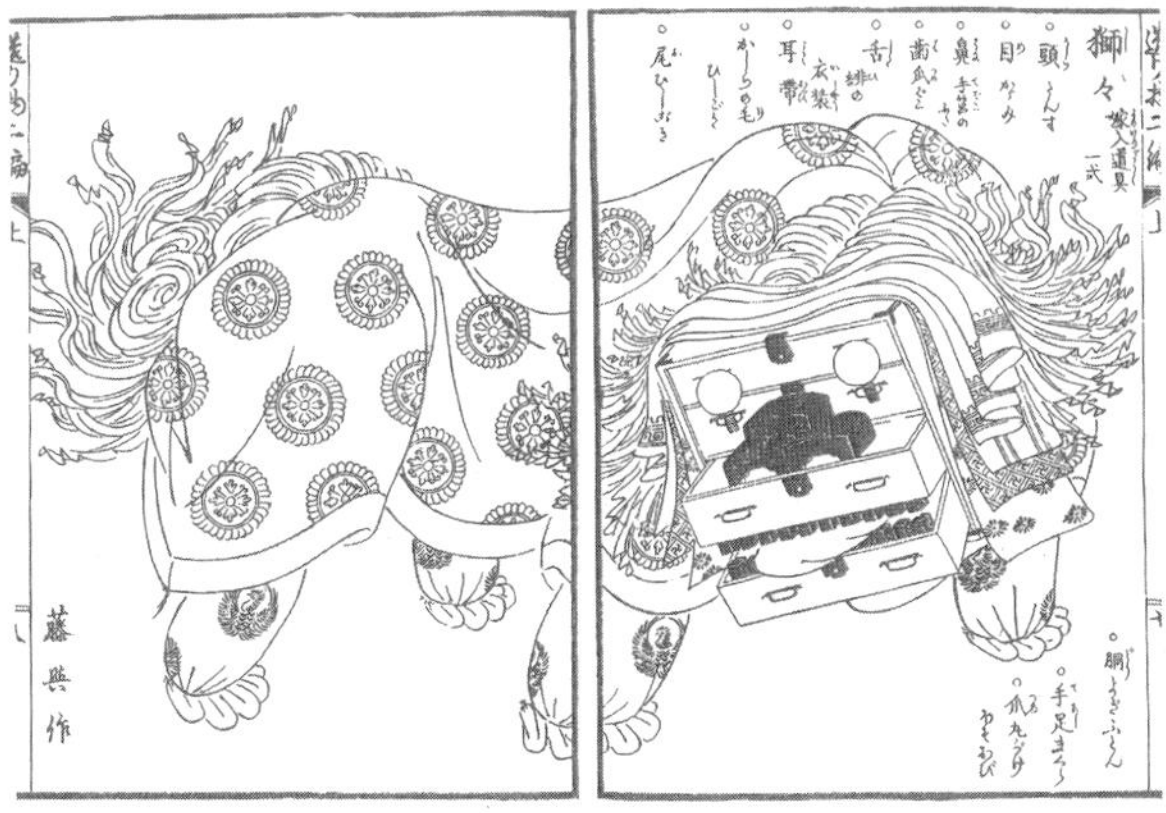

『造物趣向種　二編』より「獅子、嫁入り道具一式」

弘化二年（一八四五）の正遷宮では、町中に「思いゝゝに御神道具・積銭・包金・細工銭・竹馬・俵米等、又は炭木・俵物など日々に神前に供え、その美麗しかりけることゝもなり」と記録されます。

江戸時代の大坂で成熟した造り物文化は、やがて全国各地に伝播し、現在でも西日本を中心に「つくりもんまつり」などの名で、約五十カ所に伝承されており、地域振興の期待を担っている例も少なくありません。それらの多くが大坂から伝わったことは、「つくりもの」ではなく「つくりもん」と大坂らしい音便で発音することにも現れています。

江戸後期にもなると、「見立て」のヒントを得るためのマニュアル本が大坂で出版されました。天明七年（一七八七）『造物趣向種』、天保八年（一八三七）『四季造物趣向種』、安政七年（一八六〇）『造物趣向種　二編』の三種があり、合わせれば百を超えるアイデアが絵入りで載っています。しかし、同書に掲載の「造り物」がすべて実用的かというとそうでもない。なかには机上の空論というしかないものも含まれています。ちなみに、蜆の藤棚は、天明七年『造物趣向種』に載っています（二一一頁）。

しかし、その発祥の地ともいえる大阪市中では、いまではわずかに「陶器人形」がその伝統を受け継ぐだけで、大阪府下に視野を広げても、昭和五十二年（一九七七）に復活された八尾市の「八尾木の民芸つくりもん祭り」と、平成十七年（二〇〇五）に中断されたひらかた大菊人形」が思い浮かぶ程度です。

その一方で、平成十三年（二〇〇一）開館の大阪市立住まいのミュージアム（大阪くらしの今昔館）では、「嫁入り道具一式」で造った「獅子」や化粧道具一式で造った「鶏」などが再現・展示されています。

造り物の口上

私は、造り物の本旨は、ありふれた日常品の「風合い」（手触りや見た感じ）に着目した「見立て」（他のものになぞらえる）にあると考えています。奇抜な意外性のある材料で意表をつき、その造形の工夫や巧みさで驚かせます。この「風合い」と「見立て」は、「アイデア」と「技術」の勝負だと言い換えても良いでしょう。その風合いの相似性が高ければ高いほど、元の材料に気づきにくい、造形が巧みであればあるほど、元の材料を感じさせない。優れた造り物では、他人に説明されて、初めてそのアイデアと技術に脱帽させられます。

そこで、造り物には説明（種明かし）役が必要となります。また一目見てその材料や工夫に気づく程度の造り物であっても、それを面白く観賞するための解説はあったほうがいい。

造り物が隆盛した幕末の大坂には、「あまからや」と名乗る口上師が活躍していました。弘化五年（一八四八）の稲荷社内の「金比羅権現正遷宮」に際し、「あまからや」は木綿で造った大象の口の中で口上しています。

木綿にて大象の形を致し、同背にて天狗とも法螺《ほら》・鉦《かね》・笛・銅鑼《どら》を鳴らし、真ん中には大天狗狂乱の所にて、前に児天狗、鈴《りん》・太鼓を鳴らし芸を致す。口上云う者、かの象の口中よりあまからや出て口上を申すなり。

（『大阪市史史料　第一輯　近来年代記』下）

このように、造り物は御迎え人形やお祭り提灯と同じように、口上があってこそ、その面白さが増します。

天満天神御伽衆の実作

菅原道真公の没後千百年に当たる平成十四年（二〇〇二）には、全国各地の天満宮で「菅原道真公千百年奉祝大祭」が斎行されました。それに先立って寺井種伯宮司（現、名誉宮司）の指示により、天神祭のボランティアガイド「天満天神御伽衆」を養成し、平成十三年（二〇〇一）から活動を始めました。毎年七月二十五日の天神祭本宮の夜には、一晩に百万人を超える群参があるにもかかわらず、従来は、その次第や見所を説明できるガイドがいなかったため、千百年祭を機に「御伽衆」を発足させたというわけです。

ところが活動を始めた御伽衆たちからは、天神祭の解説だけではなく、なんらかの形で自分たちも千百年の天神祭を奉祝したいとの声が上がり、相談の結果、造り物を制作することになりました。弘化二年（一八四五）の正遷宮にならって、蜆の貝殻六千個で「藤棚」を造り、天満宮の参集殿西側に飾りました。幸いにも新聞やTVなどのマスコミに数多く採り上げられ、参拝客からも好評を得たため、以後毎年の天神祭には補修し、近年は貝殻一万個に増やして、天満宮の参集殿西側に藤棚を飾っています。

次いで平成十七年（二〇〇五）には、昆布・干瓢・麩などの乾物一式で「猩々舞」を作りました。『趣向種』をヒントにしながらも、試行錯誤を繰り返し、その袴は昆布を干瓢で縫って仕立

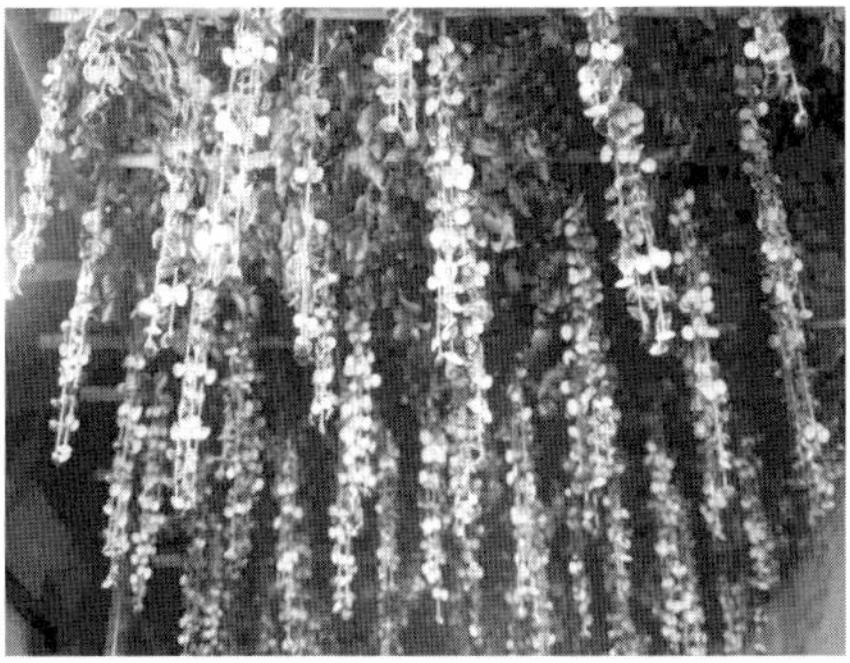

上:『造物趣向種』に載っている蜆の藤棚
中:天満天神御伽衆が造った蜆の藤棚
下左:『造物趣向種 二編』に載っている猩々舞
下右:天満天神御伽衆が造った猩々舞
袴は昆布を干瓢で縫って仕立て、帯の垂れは高野豆腐に椎茸を貼り付け、赤熊は干瓢を紅生姜で染め、着物の模様は色麩を組み合わせている。

て、帯の垂れは、高野豆腐に椎茸を貼り付け、赤《しゃ》熊《ぐま》は干瓢を紅生姜で染め、着物の模様は色麩を組み合わせてそれらしく貼り付けました。

　翌十八年には、『趣向種』には頼らず、御伽衆のアイデアによって、文房具一式の「鳳凰」を造りました。色鉛筆やカラーＣＤを鳥の羽らしく並べ、鶏冠にはカラーゼムクリップ、足は賞状筒、という具合です。賞状筒の模様が鳥足の「風合い」に似ていると気づいて「見立て」ました。

天満天神御伽衆が文房具一式で造った鳳凰

　天神祭の期間中の展示ですから、数え切れない見物客が訪れましたが、遠めに蜆の藤棚を眺め、「きれいに咲いているね」と話しながら通り過ぎる参拝者がいたのには驚きました。七月下旬に藤は咲かないと思うのですが。それを疑問に感じさせないほど本物に見えたということです。そこで、御伽衆の「口上」が必要となります。「見上げてください。本物ではなく蜆の貝殻ですよ」と説明して、初めて感嘆の声が上がります。その後は、「何個の貝殻で出来ているの？」「シジミは食べたのですか？」「どこで採れた蜆？」「私も造りたいけど？」などの質問に答えながら、会話は盛り上がっていきます。

乾物一式の「猩々舞」も同様でした。制作した御伽衆自身が驚くほどの出来映えだったため、やはり説明しなければ、乾物一式とは気づかれない。御迎え人形と並べて展示したことから、御迎え人形の一種と勘違いされた方も多かったようです。そこで御伽衆が「袴は昆布で、髪の毛は赤く染めた干瓢なんですよ」と声をかけて、初めて気づいてもらえたという次第です。

文房具一式の「鳳凰」はさすがに、解説がなくとも、材料の色鉛筆やコンパスは気づかれましたが、それでも制作の苦労話などに花が咲くことにおいては負けていません。解説にあたる御伽衆の様子は、江戸時代の「あまからや」の活躍を彷彿とさせたというと言い過ぎでしょうか。そこには江戸時代以来の口上師の伝統が受け継がれていたように思います。

「御迎え人形」や「お祭り提灯」と同じく、造り物もおもてなしの仕掛けだったのです。みごとに、製作者と見物客のコミュニケーションを誘発することを、実作を通じて学んだ次第です。

4 ❖ おもてなしの伝統

床の間の掛け軸

余談ですが、半世紀近い昔、私は恩師のお供をして石川県下の市町村史編纂に明け暮れていたことがあります。能登半島の旧家を訪ね、所蔵史料の調査をするのですが、ときには客間に通されて、同家のご主人らと雑談する機会もありました。あとで考えれば、一種「面接」の意味があったのかもしれません。歓談の合間に、ご主人が床の間に掛けられた軸を話題に、まだ若い私の反応をみます(そのような気がしたのです)。崩し字の読みにはそれなりに自信を持っていたのですが、読めないこともありました。退室後、恩師に詫びると、意外な応えが返ってきました。

床の間の掛け軸は、話題が途切れたときに、話の接穂《つぎほ》とするための意味がある。誰にでも読めるような文字では話題にしにくい。だから素直に読み方を尋ねればいい。それは決して恥ずかしいことではなく、むしろ気の利いた会話なのだ。

——というような趣旨でした。床の間の掛け軸も、おもてなしの仕掛けだったのです。掛け軸は、全国共通のおもてなしの文化でしたが、本節で見てきた、御迎え人形・お祭り提灯や造り物には、その文化が色濃く受け継がれています。

観光と観風

以上、「祭り提灯」「御迎え人形」「造り物」を素材として、それらが祭礼や正遷宮におけるコミュニケーションを生み出す装置であったことを明らかにしました。そこでは、他所から訪れる参拝・観光客たちと、地元の氏子や関係者との間に対話が生まれ、また参詣者同士の会話も弾み、時にはプロの口上師の説明で、より深く観賞することができたわけです。

もちろん、それらは、第一義的には祭礼や正遷宮における奉納の意味を持つことは言うまでもありません。それは、いわば「神と人間」との関係においてです。しかしながら、一方では、本書が明らかにしたように、「人間と人間」の関わりを豊かにする側面もありました。

現代では、そのような役割は薄れつつあるようにも思います。その意味では、天満天神御伽衆の活動は伝統の復活といえるかもしれません。現代の「口上師」であってほしいと願っています。

最後に、唐突に聞こえるかもしれませんが、私は昨今の各地における、町づくりや、観光客誘致の方策の一つとして、「口上」を重視すべきだと考えています。観光の目玉として豪華なパンフレットや解説書を作ることも否定はしませんが、その現場において生の声で解説する「口上師」の重要性を再認識すべきだということです。しかも、それは一部のガイドに見られるような、難しい専門的な知識を一方的に押し付けるのではなく、双方向の会話を楽しむ姿勢であってほしい。

「観光」では、その地の風景や町並みや食べ物などを楽しみますが、それは目に入る「光を観る」ことです。それに対して「観風」という言葉があります。これは、その地の風土に接し、地元民との会話・交流を通じて、その地の「風を観る」ことです。観光と観風の双方が備わってこそ、風光明媚な地となります。その意味では天神祭こそが、風光明媚な祭礼だといえるように思います。

おわりに

本書が第一部と第二部からなっているのは、偏に私の関心のありどころが二分されていることによります。

一つは、日本史研究者として、「伝承」をどのように取り扱えばいいのかという問題です。前著『奇想天外だから史実――天神伝承を読み解く』でも、現実にはあり得ない奇想天外なプロットを持つ天神伝承を、現代の科学的な思考ではなく、その伝承が作られた時代の知識や教養に寄り添って読み解くことの必要を説きました。

本書第一部でも、最大の関心事は大阪天満宮の創祀年についての伝承でした。神社仏閣の多くに、その創建を物語る伝承があります。それは古ければ古いほど、その扱いに慎重さが求められます。史料の裏付けをとれない時代に遡る創祀伝承は、そのまま伝承として受け止めるのか、それとも等閑に付すのか。本書では、伝承と史料のはざまから、創祀年についての仮説を提示しました。「伝承」だからといって、安易に「古くからそのままに伝えられている」とする姿勢に警鐘を鳴らしたつもりです。
いま一つの関心事は、祭礼のにぎわいはどのような原動力に支えられてきたのかということです。私が、昭和六十一年（一九八六）に大阪天満宮史編纂会（現、大阪天満宮文化研究所）に招かれて以来、公私にわたって天神祭に関わりながら考えて続けてきたことです。〈マツリ〉の三重構造の視座を持つことで、「神事」と「神賑行事」の対比を天神祭の魅力として見直すことができました。内田樹先生は、毎年、私がお世話している「天満天神研究会奉拝船」にご乗船になっていますが、その船上の様子を次のように活写されています。

天神祭船渡御では御神霊を載せた奉安船とまぢかに行き違う。そのときは人々もおしゃべりを止めて、きちんと拝礼をして柏手を打つ。これほどご神霊を近くに感じられる機会はふだんはない。だが、御霊の切迫によって一時的に霊的に緊張した場は再び宴会と哄笑によって緩められる。その緩急の揺らぎを味わいながら、改めて、船渡御もまた実によくできた宗教的な装置だなと思った。

（「天神祭　船渡御の夜」『コロナ後の世界』文芸春秋、二〇二一年）

船によって多少の差はありますが、船上でどんなに飲んだくれていても、奉安船と行き交うときは本殿の前に立ったつもりで拝礼するのがマナーです。

このような「よくできた宗教的な装置」に毎年参加しているからこそ、余計に、他地方の祭礼が苦境に立っているというニュースには心が痛みます。今年の二月、「黒石寺蘇民祭」（岩手県奥州市）が、担い手不足や高齢化のために「千年以上（これも伝承ですが）」の歴史に幕を下ろしました。それを予告するかのように、令和三年（二〇二一）の文化庁文化審議会『企画調査会報告書』（二月十五日付）は、祭礼について、次のような指摘をしていました。

> 生活様式の変化や少子高齢化等により、無形の文化財の次代の担い手が減少し、また、有形・無形に限らず文化財を未来に伝えるための用具や原材料の安定的な供給も難しくなりつつあるなど、無形の文化財の保存・活用を巡る状況が悪化し、その存続が危ぶまれるものが増えている。

「蘇民祭」のように中止にまで追い込まれなくても、存続の危機に直面している祭礼は数多くあります。それらの祭礼の存続のために、本書が提示した「疑似伝統による変革」と「おもてなしの仕掛け」がヒントになればと、遠慮がちに考えています。

とはいいながらも、天神祭の場合も、お祭り提灯や御迎え人形に仕掛けられた「おもてなしの仕掛け」は次第に衰退傾向にはあります。その点、変わらずに残っている仕掛けに、本文ではあえて触れなかったのですが、「大阪締め」があります。大阪締めは、いわゆる手打ちの一種です。

打ちまーしょ、チョン・チョン
もぉ一つせー、チョン・チョン
祝《いお》うて三度、チョチョン・チョン

傍線部で手を打ちます。江戸時代に、堂島米市場で取引が成立した際に打ったものが、大阪天満宮に伝わったといいます（大塚清明「大阪締めのルーツについて」『大阪の歴史』51、大阪市史編纂所、一九九八年）。

大阪締めは、境内や陸渡御中にも交わしますが、一番多いのは船渡御中です。供奉船と奉拝船が行き交うときに交わし、また川岸や橋上の群衆とも交わします（奉安船とは交わさず、拝礼です）。二時間余の航行中に数えきれないほど手を打ちますから、下船時には掌が痛くなるほどです。

遠来の見物客も、遠目に船渡御を眺めるだけではなく、船上の氏子たちとも交流できるのです。祭礼の奉仕者と、遠来の見物客とが、これほど懸け隔てなく祝意を交わし合う祭礼を他には知りません。天神祭はおもてなしの祭礼として発展し続けています。

以上のような第一部と第二部の間に隔たりができないように努めたつもりですが、いかがだったでしょうか。虻蜂取らずになっていないことを願うばかりです。
最後に、本書では、神賑行事を担う三十近い「講」について、個々の歴史や奉仕内容に触れることができなかったことをお詫びいたします。他日を期したいと思います。
では、最後までお読みいただいた皆様、大阪締めで終わりたいと思います。ご一緒に、
打ちまーしょ、チョン・チョン
もぉ一つせー、チョン・チョン
祝うて三度、チョチョン・チョン
有難うございました。

高島幸次

二〇二四年五月十日

高島幸次（たかしま・こうじ）

1949年大阪生まれ。龍谷大学大学院文学研究科修士課程修了。大阪天満宮文化研究所所長、龍谷大学エクステンションセンター顧問。大阪大学招聘教授、追手門学院大学客員教授、本願寺史料研究所委託研究員などを歴任。2012年度大阪市市民表彰（文化功労）。著書に『奇想天外だから史実――天神伝承を読み解く』（大阪大学出版会）、『大阪天満宮史の研究』（共著、思文閣出版）、『大阪天満宮史の研究 第二集』（共著、思文閣出版）、『天神祭――火と水の都市祭礼』（共著、思文閣出版）、『大阪の神さん仏さん』（釈徹宗と共著、140B）、『日本人にとって聖地とはなにか』（内田樹・釈徹宗・茂木健一郎・植島啓司と共著、東京書籍）、『上方落語史観』（140B）、『古典落語の史層を掘る』（和泉書院）など。

大阪天満宮《おおさかてんまんぐう》と天神祭《てんじんまつり》

二〇二四年六月一〇日 第一版第一刷発行

著　者　高島幸次
発行者　矢部敬一
発行所　株式会社 創元社
〈ホームページ〉https://www.sogensha.co.jp/
〈本　社〉〒五四一-〇〇四七 大阪市中央区淡路町四-三-六
TEL 06-6231-9010（代）
FAX 06-6233-3111
〈東京支店〉〒一〇一-〇〇五一 東京都千代田区神田神保町一-二 田辺ビル
TEL 06-6811-0662（代）
造　本　上野かおる
組　版　はあどわあく
編集協力　原　章
印刷所　図書印刷株式会社

ISBN978-4-422-25092-2 C0039